影响中国历史的十篇政治美文

（最新版）

梁衡◎编著

中国人民大学出版社
·北京·

前　言

从古至今，以一篇文章而影响了中华民族政治文明、人格行为和文化思想的美文为数不多。我排了一下有十篇。

这里说的“政治美文”，就是说既要有思想，还要文字美，要符合三个条件：一是文章提出了一种影响了中华民族政治文明、人格行为的思想；二是文章中的一些名句熟词广为流传，成为格言、成语、座右铭，有的已载入辞典，丰富了民族语言；三是文章符合艺术规律，词、句、章，形、情、理都达到了美的要求。如果我们只是就文字“选美”，当然还会选出更多，如王勃的《滕王阁序》等，但那是另一个范畴。

下面按这个标准一一分析。

贾谊的《过秦论》探讨一个政权为什么会灭亡。为政者必须施仁政，不能反人民。后来提到农民起义时常用的“斩木为兵，揭竿为旗”一词，即出自本篇。

司马迁的《报任安书》探讨生命的价值，提出一个做人的标准：“人固有一死，死有重于泰山，或轻于鸿毛，用之所趋异也。”成语“士为知己者死，女为悦己者容”即出自本篇。

诸葛亮的《出师表》提出忠心耿耿的为臣之道和勤恳不怠的敬业精神。名句“亲贤臣，远小人”“受任于败军之际，奉命于危难之间”等广为流传。

陶渊明的《桃花源记》以文学的手法描绘出一个理想社会的蓝图，从中可以看出老庄哲学与空想社会主义的影子。西方的政治名著《乌托邦》《太阳城》与其相类。“桃花源中人”“不知有汉，无论魏、晋”，已成后人常用的成语。而“桃花源”已经是理想社会和优美风景的代名词。

魏徵的《谏太宗十思疏》探讨一个政权怎样才能巩固，并且塑造了一个较理想的君臣关系样板。提出“居安思危，戒奢以俭”“载舟覆舟，所宜深慎”，提出“凡昔元首，承天景命，善始者实繁，克终者盖寡”。这类似1945年黄炎培与毛泽东在延安讨论的政权周期率。后人常说的“居安思危”“善始善终”“水可载舟覆舟”，主要出于此。

范仲淹的《岳阳楼记》提出“先天下之忧而忧，后天下之乐而乐”的为人、为政理念。这句名言几乎成了范之后所有进步政治家的信条。范的这篇文章和陶渊明的《桃花源记》都做到了形美、情美、理美，是用文学来翻译政治的典范。

文天祥的《正气歌序》提出的为人要有正气的气节观鼓舞了历代英雄，成了中国人的做人标准。“正气”成了战胜一切邪恶、腐败势力的旗帜。

梁启超的《少年中国说》反对保守，提倡革新。提出抛弃老朽的中国，创造一个少年中国，振兴中华。几乎通篇都是美言美句。

林觉民的《与妻书》呼唤共和，敲响了数千年封建王朝的丧钟。再次响亮地喊出“老吾老以及人之老，幼吾幼以及人之幼”，牺牲个人，报效祖国。

毛泽东的《为人民服务》提出的为人民服务思想成了共产党人立党立国的宗旨，并已是检验一个政权成败、好坏的标准。

这些文章已经成为中华文明的经典。

好文章是替时代立言，是一个人在特定的时代背景下全部知识和阅历的结晶，是生命的写照。这十篇文章是中国两千多年来政治史上的坐标、文学史上的脊梁。

兹将十篇文章汇编并加以导读说明，是为上篇；又将我的七篇解读文章收入，是为下篇，合为一书以就教于读者。

本书在 2012 年 1 月出版后曾多次重印。这次修订，除校正个别错处，又新增了《红毛线，蓝毛线》《将军几死却永生》两篇文章，以进一步阐发该书主题。

2019 年 9 月 20 日

梁衡

目录

上 篇

下 篇

上篇

《过秦论》贾　谊

仁义不施，而攻守之势异也

《报任安书》司马迁

人固有一死，死有重于泰山，或轻于鸿毛

《出师表》诸葛亮

臣本布衣，躬耕于南阳

《桃花源记》陶渊明

乃不知有汉，无论魏、晋

《谏太宗十思疏》魏　徵

载舟覆舟，所宜深慎

《岳阳楼记》范仲淹

先天下之忧而忧，后天下之乐而乐

《正气歌序》文天祥

浩然者，乃天地之正气也

《少年中国说》梁启超

吾心目中有一少年中国在

《与妻书》林觉民

牺牲吾身　为天下人谋永福

《为人民服务》毛泽东

为人民而死，就是死得其所

《过秦论》

贾　谊

导读

秦王朝是中国历史上第一个统一华夏的封建王朝，也是第一个瞬间就土崩瓦解的政权。贾谊4岁时秦王朝垮台，他有幸成为第一个研究评说这一历史现象的政治家、文学家，也正是靠这篇文章奠定了他在中国政治史、文学史上的地位。秦的垮台，贾谊认为是仁义不施，焚书愚民，而单靠暴力统治。秦以后中国又有数十个大大小小的王朝起而复灭，可谓“潮起潮落”，无不被贾谊所言中。任何政权，仁义不施，反人民，必然灭亡。

这篇文章的魅力是能将一个王朝的兴灭过程轻松收入一篇文章之中，又顺理成章，如黄河泻地，长江入海，自有一股排山倒海又万水归宗的气势，开了古代政治论文的先河。

关键词句

焚百家之言，以愚黔首；仁义不施。

名言成语

斩木为兵，揭竿为旗。

作者介绍

贾谊（前200—前168），洛阳（今属河南）人。西汉初年著名的政论家、文学家。曾任博士、太中大夫，因多次上疏议论政事，被元老权贵排斥，贬为长沙王太傅，后又当上了梁怀王太傅，怀王不慎坠马而亡，他郁郁不欢，一年后便去世，年仅32岁。其著作主要包括散文和辞赋两类。散文如《过秦论》《论积贮疏》《陈政事疏》等都很有名；辞赋以《吊屈原赋》《鹏鸟赋》最著名。

正文

秦孝公据殽函之固[1]，拥雍州之地[2]，君臣固守，以窥周室。有席卷天下，包举宇内，囊括四海之意[3]，并吞八荒之心[4]。当是时也，商君佐之[5]，内立法度，务耕织，修守战之备；外连衡而斗诸侯[6]。于是秦人拱手而取西河之外[7]。

孝公既没，惠文王、武王、昭王蒙故业[8]，因遗策[9]，南取汉中[10]，西举巴蜀[11]，东割膏腴之地，收要害之郡。诸侯恐惧，会盟而谋弱秦。不爱珍器重宝肥饶之地，以致天下之士。合从缔交[12]，相与为一。当此之时，齐有孟尝，赵有平原，楚有春申，魏有信陵[13]：此四君者，皆明知而忠信，宽厚而爱人，尊贤而重士。约从连衡，兼韩、魏、燕、赵、宋、卫、中山之众。于是六国之士[14]有甯越、徐尚、苏秦、杜赫之属为之谋，齐明、周冣、陈轸、邵滑、楼缓、翟景、苏厉、乐毅之徒通其意，吴起、孙膑、带他、兒良、王廖、田忌、廉颇、赵奢之伦制其兵。尝以什倍之地，百万之师，仰关而攻秦。秦人开关而延敌，九国之师遁逃而不敢进。秦无亡矢遗镞之费[15]，而天下固已困矣。于是从散约败，争割地而赂秦。秦有馀力而制其弊，追亡逐北[16]，伏尸百万，流血漂橹[17]，因利乘便，宰割天下，分裂山河，强国请服，弱国入朝。

施及孝文王、庄襄王[18]，享国之日浅，国家无事。

及至始皇，奋六世之馀烈，振长策而御宇内，吞二周而亡诸侯[19]，履至尊而制六合[20]，执敲朴以鞭笞天下[21]，威振四海。南取百越之地，以为桂林、象郡[22]，百越之君俛首系颈[23]，委命下吏。乃使蒙恬北筑长城而守藩篱[24]，却匈奴七百馀里[25]，胡人不敢南下而牧马，士亦不敢贯弓而报怨。于是废先王之道，燔百家之言[26]，以愚黔首[27]。堕名城[28]，杀豪俊，收天下之兵聚之咸阳，销锋鍉[29]，铸以为金人十二，以弱天下之民。然后践华为城[30]，因河为池[31]，据亿丈之城，临不测之谿以为固。良将劲弩，守要害之处，信臣精卒，陈利兵而谁何[32]。天下已定，始皇之心，自以为关中之固，金城千里[33]，子孙帝王万世之业也。

始皇既没，馀威振于殊俗。然而陈涉[34]瓮牖绳枢之子[35]，甿隶之人，而迁徙之徒也[36]。材能不及中人[37]，非有仲尼、墨翟之贤[38]，陶朱、猗顿之富[39]也。蹑足行伍之间，俛仰仟佰之中[40]，率罢散之卒[41]，将数百之众，转而攻秦。斩木为兵，揭竿为旗[42]，天下云会响应，赢粮而景从[43]，山东豪俊遂并起而亡秦族矣[44]。

且天下非小弱也；雍州之地，殽函之固自若也[45]。陈涉之位，非尊于齐、楚、燕、赵、韩、魏、宋、卫、中山之君也；锄耰棘矜[46]，非铦于勾戟长铩也[47]；谪戍之众，非俦于九国之师也；深谋远虑，行军用兵之道，非及乡时之士也。然而成败异变，功业相反也。尝试使山东之国与陈涉度长絜大[48]，比权量力，则不可同年而语矣。然而秦以区区之地，致万乘之权，抑八州而朝同列，百有馀年矣。然后以六合为家，殽函为宫。一夫作难而七庙堕[49]，身死人手，为天下笑者，何也？仁义不施，而攻守之势异也。

注解

[1] 秦孝公：名渠梁，任用商鞅实行变法，秦国国力大增，开始称雄诸侯。殽：殽山，在今河南洛宁北。函：函谷关，在今河南灵宝南，是当时秦国的东关。

[2] 雍州：古九州之一，相当于今陕西、甘肃、青海等部分地区。

[3] “有席卷”以下三句：席卷、包举、囊括，都有全部占有的意思。

[4] 八荒：八方。

[5] 商君：指商鞅，由卫入秦，辅佐孝公变法，后被诬谋反而被杀。

[6] 衡：通“横”。斗：使诸侯争斗。

[7] 西河：指黄河两岸、原属魏国的地区。

[8] 惠文王、武王、昭王：指惠文王驷、武王荡、昭襄王则。蒙：继承。

[9] 因：遵循。

［10］汉中：今陕西西南一带。

［11］巴蜀：地在今四川。

［12］合从（zòng）：合纵，指六国联合抵御秦国的策略。

［13］孟尝：孟尝君田文。平原：平原君赵胜。春申：春申君黄歇。信陵：信陵君魏无忌。

［14］六国：泛指齐、楚、韩、魏、燕、赵、宋、卫、中山。

［15］镞（zú）：箭头。

［16］北：败北。

［17］橹（lǔ）：大盾牌。

［18］施（yì）：延续。

［19］二周：战国时周分裂为西周、东周两个小国，分别建都于今河南洛阳市和河南巩义市。

［20］六合：天地四方，这里指天下。

［21］敲朴：杖棒，短者为敲，长者为朴。

［22］桂林、象郡：是秦所设二郡，在今广西境内。

［23］百越：泛指东南少数民族各部。俛（fǔ）：通“俯”。

［24］蒙恬（tián）：秦国将领，曾率军渡黄河北逐匈奴，修筑长城。

［25］却：击退。

［26］燔：烧。

［27］黔首：百姓。

［28］隳（huī）：毁坏。

［29］鍉：通“镝”，箭头。

［30］华（huà）：华山。

［31］河：黄河。

［32］谁何：谁敢呵问。何，通“呵”，呵斥。

［33］金城：坚固的城池。

［34］陈涉：陈胜。

［35］牖（yǒu）：窗户。

［36］迁徙之徒：被发配到边疆服役的人。

［37］中人：中等庸人。

［38］墨翟（dí）：墨子，春秋后期思想家。

［39］陶朱：范蠡（lǐ），春秋末越大夫。晚年到陶地经商致富，号称陶朱公。猗顿：春秋时鲁国人，在猗氏经营畜牧业而成巨富。

［40］俛（miǎn）：通"勉"，尽力。

［41］罢（pí）：疲倦。

［42］揭：举。

［43］赢：背负。景（yǐng）：通"影"。

［44］山东：崤山以东。

［45］自若：和以前一样。

［46］耰（yōu）：平整土地所用农具。棘矜：棘木棍。

［47］铦（xiān）：锋利。

［48］度（duó）长絜（xié）大：比较长短大小。

［49］七庙：天子宗庙。古代制度规定天子宗庙奉祀七代祖先。

译文

秦孝公占据着崤山和函谷关的险固地势，拥有雍州的土地，君臣一起牢固地守卫着，借以窥视周王室（的权力）。他有席卷天下、征服九州、横扫四海的意图和并吞八方的雄心。在那时侯，（有）商鞅辅佐他，对内建立法规制度，大兴耕作纺织，修造防守攻战的器械；对外实行连横策略，使各国诸侯互相争斗。这样，秦人毫不费力地夺取了西河之外的大片土地。

秦孝公死后，惠文王、武王、昭襄王（先后）继承已有的基业，沿袭前代的策略，向南攻取汉中，向西吞并巴蜀，向东割取肥沃的土地，向北占领地处要害的郡邑。诸侯恐慌害怕，聚会结盟，谋求削弱秦国的办法。各诸侯不吝惜奇珍贵重的器物和肥沃富饶的土地，用来招致天下的优秀人才，订立合纵盟约，结成一体。此时，齐国有孟尝君，赵国有平原君，楚国有春申君，魏国有信陵君。这四位封君，都睿明智慧而忠诚信义，宽大厚道而爱惜人民，尊敬贤良而重视士人，（他们）以合纵之约击破秦的连横之策，将齐、楚、韩、魏、燕、赵、宋、卫、中山等国的部队结成联军。于是，六国士人有甯越、徐尚、苏秦、杜赫等人为他们出谋划策，齐明、周最、陈轸、邵滑、楼缓、翟景、苏厉、乐毅等人（为各国）沟通意见，吴起、孙膑、带他、兒良、王廖、田忌、廉颇、赵奢等人统率军队。他们曾经以十倍于秦国的土地，上百万的军队，开往函谷关去攻打秦国。秦人打开函谷关引敌深入，但九国的军队（却）迟疑起来，不敢入关。秦人没有损失一箭一镞，天下的诸侯（却）已陷入狼狈不堪的境地了。这样一来，纵约解散了，各诸侯国争着割地来贿赂秦国。秦有充足的力量利用对方弱点来制伏他们，追赶（九国的）败兵，百万败兵横尸道路，流淌的血液可以漂浮盾牌。（秦国）凭借这有利的形势，割取天下的土地，（重新）划分山河的区域。强国主动表示屈服，弱国入秦朝拜。

待到孝文王、庄襄王依次继位，他们统治的时间不长，秦国没有什么战事。

秦始皇

到始皇的时候，他大大地发扬了前六代君主的功业，挥舞着长鞭来驾驭全中国，吞并东西二周，消灭各诸侯国，登上最尊贵的宝座来统治天下，用严酷的刑罚来奴役天下的百姓，威风震慑四海。秦始皇向南攻取百越的土地，把它划为桂林郡和象郡，百越的君主低着头，颈上捆着绳子，把性命交给秦的下级官吏处理。于是（秦始皇又）派蒙恬到北方去修筑长城，守卫边境，击退匈奴七百多里；胡人不敢到南边来放牧，勇士不敢拉弓射箭来报仇。接着他就废除古代帝王的治世之道，焚烧诸子百家的著作，用来愚昧百姓；毁坏著名的城邑，杀掉英雄豪杰；收缴天下的兵器，集中在咸阳，销毁刀刃和箭头，铸成十二个金人，以便削弱百姓（的反抗力量）。然后他凭借华山做城墙，借用黄河做护城河，上有亿丈高的城墙，下临深不可测的深渊，作为坚固（的防御工事）。好的将领手执强弩守卫着要害之处，可靠的官员和精锐的士卒拿着锋利的兵器，盘问过往行人。天下已经安定，始皇心里自以为这关中的险固地势、方圆千里的铜墙铁壁，正是子孙万代的帝王基业。

始皇去世之后，他的余威（依然）震慑着边远地区。然而，陈涉不过是个破瓮做窗户、草绳做户枢的贫家子弟，是社会最底层的人，（后来）做了被迁谪戍边的卒子；才能不如中等庸人，并没有孔子、墨子那样的贤德，也不像范蠡、猗顿那样富有。（他）跻身于戍卒的队伍中，在田野间突然奋起发难，率领着疲惫无力的士兵，指挥着几百人的队伍，掉转头来进攻秦国，他们砍下树木做武器，举起竹竿当旗帜，天下豪杰纷纷响应聚集，许多人都背着粮食，如影随形般地跟着他。崤山以东的英雄豪杰于是一齐起义，消灭了秦王朝。

可以断言，一统天下的秦王朝并不是弱小得（无力抵抗），雍州的地势，崤山和函谷关的险固，还是从前那个样子。陈涉的地位并不比齐、楚、韩、魏、燕、赵、宋、卫、中山的国君们更尊贵；锄头木棍并不比钩戟长矛更锋利；那迁谪戍边的士兵也不能和九国部队相抗衡；（至于）深谋远虑、行军用兵的策略，（陈涉）也比不上九国的武将谋臣。可是条件好者失败而条件差者却成功，功业完全相反。假使拿东方诸国跟陈涉比一比长短大小，量一量权势力量，那简直是天渊之别了。然而秦凭借着它的区区之地，发展到兵车万乘的国势，使各国诸侯都来朝拜，已有一百多年历史；这之后将天下作为一家私产，用崤山和函谷关作为宫墙。结果一个戍卒发难就毁掉了天子宗庙，皇子皇孙都死在人家手里，被天下人耻笑，是什么原因呢？就是因为不施行仁义而使攻守的形势发生了变化啊。

《报任安书》

司马迁

导读

本文 2 870 余字，是所荐十篇政治美文中第二长文。其反复阐述的是人的生死观。当一个人遇到种种不幸，特别是奇耻大辱、生不如死时，该怎么办？这时就要权衡生死的意义。人不只是为生命的延续而活，更是为某一件有意义的事才活着。当达尔文发现了进化论、爱因斯坦发现了相对论、开普勒发现了行星运行规律后，都曾说过同样的话：我现在生或死都不重要了，因为重要的工作已经完成。而司马迁当时却不敢死，因为他的《史记》还没有完成。这种为高尚的目标而活着的生死观影响了司马迁之后的中国人，直到毛泽东在《为人民服务》中又赋予了为人民而生而死的新含义。这篇文章中的华彩段落是“西伯拘而演周易”那一段，能忍大辱才能成大事，“耻辱者勇之决也”。“文化大革命”中周恩来忍辱支撑危局，张闻天于监禁中完成了《肇庆文稿》，邓小平在被监督劳动中思考改革，而后又东山再起，领导了中国的复兴，都是忍而后有大为的范例。历史在太史公的预言中运行。

这是一封私人书信，最见真情，也最见作者的学识和文字功夫。随手用典，叙述干净，情随事出，推理严密。司马迁的文字成了他之后所有汉文学写作的基础。

关键词句

人固有一死，死有重于泰山，或轻于鸿毛，用之所趋异也。

名言成语

士为知己者死，女为悦己者容；拾遗补阙；救死扶伤；戴盆望天；一家之言。

作者介绍

司马迁（约前 145 或前 135—？），字子长，西汉夏阳（今陕西韩城南）人，中国古代伟大的史学家、文学家、思想家，被后人尊称为“史圣”。他最大的贡献是创作了中国第一部纪传体通史《史记》（原名《太史公书》）。该书记载了上自中国上古传说中的黄帝时代，下至汉武帝时代，共 3 000 年左右的历史，被誉为“史家之绝唱，无韵之离骚”。

正文

少卿足下[1]：曩者辱赐书，教以慎于接物，推贤进士为务，意气勤勤恳恳，若望仆不相师用[2]，而流俗人之言。仆非敢如是也。虽罢驽[3]，亦尝侧闻长者遗风矣。顾自以为身残处秽，动而见尤[4]，欲益反损，是以抑郁而无谁语。谚曰：“谁为为之？孰令听之？”盖锺子期死，伯牙终身不复鼓琴。何则？士为知己用，女为说己容。若仆大质已亏缺[5]，虽材怀随和，行若由夷，终不可以为荣，适足以发笑而自点耳。

书辞宜答，会东从上来[6]，又迫贱事，相见日浅，卒卒无须臾之间得竭指意。今少卿抱不测之罪，涉旬月，迫季冬，仆又薄从上上雍[7]，恐卒然不可讳。是仆终已不得舒愤懑以晓左右，则长逝者魂魄私恨无穷。请略陈固陋。阙然不报，幸勿过。

仆闻之，修身者智之府也，爱施者仁之端也，取予者义之符也，耻辱者勇之决也，立名者行之极也。士有此五者，然后可以托于世，列于君子之林矣。故祸莫憯于欲利[8]，悲莫痛于伤心，行莫丑于辱先，而诟莫大于宫刑。刑馀之人，无所比数，非一世也，所从来远矣。昔卫灵公与雍渠载[9]，孔子适陈；商鞅因景监见，赵良寒心[10]；同子参乘，爰丝变色[11]：自古而耻之。夫中材之人，事关于宦竖，莫不伤气，况慷慨之士乎！如今朝虽乏人，奈何令刀锯之馀荐天下豪隽哉！仆赖先人绪业，得待罪辇毂下[12]，二十馀年矣。所以自惟[13]：上之，不能纳忠效信，有奇策材力之誉，自结明主；次之，又不能拾遗补阙，招贤进能，显岩穴之士[14]；外之，不能备行伍，攻城（战野）〔野战〕，有斩将搴旗之功[15]；下之，不能累日积劳，取尊官厚禄，以为宗族交游光宠。四者无一遂，苟合取容[16]，无所短长之效，可见于此矣。乡者，仆亦尝厕下大夫之列[17]，陪外廷末议。不以此时引维纲，尽思虑，今已亏形为埽除之隶，在阘茸之中[18]，乃欲卬首信眉，论列是非，不亦轻朝廷，羞当世之士邪！嗟乎！嗟乎！如仆，尚何言哉！尚何言哉！

且事本末未易明也。仆少负不羁之才，长无乡曲之誉，主上幸以先人之故，使得奉薄技[19]，出入周卫之中[20]。仆以为戴盆何以望天，故绝宾客之知[21]，忘室家之业，日夜思竭其不肖之材力，务壹心营职，以求亲媚于主上。而事乃有大谬不然者。夫仆与李陵俱居门下[22]，素非相善也，趣舍异路，未尝衔杯酒接殷勤之欢。然仆观其为人自奇士，事亲孝，与士信，临财廉，取予义，分别有让，恭俭下人，常思奋不顾身以徇国家之急。其素所畜积也，仆以为有国士之风。夫人臣出万死不顾一生之计，赴公家之难，斯已奇矣。今举事壹不当，而全躯保妻子之臣随而媒孽其短[23]，仆诚私心痛之。且李陵提步卒不满五千，深践戎马之地，足历王庭[24]，垂饵虎口，横挑强胡，卬亿万之师，与单于连战十馀日，所杀过当。虏救死扶伤不给，旃裘之君长咸震怖[25]，乃悉征左右贤王，举引弓之民，一国共攻而围之。转斗千里，矢尽道穷，救兵不至，士卒死伤如积。然李陵一呼劳军，士无不起，躬流涕，沬血饮泣，张空弮[26]，冒白刃，北首争死敌。陵未没时，使有来报，汉公卿王侯皆奉觞上寿。后数日，陵败书闻，主上为之食不甘味，听朝不怡。大臣忧惧，不知所出。仆窃不自料其卑贱，见主上惨凄怛悼，诚欲效其款款之愚。以为李陵素与士大夫绝甘分少，能得人之死力，虽古名将不过也。身虽陷败，彼观其意，且欲得其当而报汉。事已无可奈何，其所摧败，功亦足以暴于天下。仆怀欲陈之，而未有路。适会召问，即以此指推言陵功，欲以广主上之意，塞睚眦之辞。未能尽明，明主不深晓，以为仆沮贰师[27]，而为李陵游说，遂下于理[28]。拳拳之忠，终不能自列，因为诬上，卒从吏议。家贫，财赂不足以自赎，交游莫救，左右亲近不为壹言。身非木石，独与法吏为伍，深幽囹圄之中，谁可告诉者！此正少卿所亲见，仆行事岂不然邪？李陵既生降，隤其家声，而仆又茸以蚕室[29]，重为天下观笑。悲夫！悲夫！

事未易一二为俗人言也。仆之先人非有剖符丹书之功[30]，文史星历近乎卜祝之间[31]，固主上所戏弄，倡优畜之，流俗之所轻也。假令仆伏法受诛，若九牛亡一毛，与蝼蚁何异？而世又不与能死节者比，特以为智穷罪极，不能自免，卒就死耳。何也？素所自树立使然。人固有一死，死有重于泰山，或轻于鸿毛，用之所趋异也[32]。太上不辱先，其次不辱身，其次不辱理色，其次不辱辞令，其次诎体受辱[33]，其次易服受辱，其次关木索被棰楚受辱，其次鬄毛发婴金铁受辱，其次毁肌肤断支体受辱，最下腐刑，极矣。传曰"刑不上大夫"，此言士节不可不厉也。猛虎处深山，百兽震恐，及其在穽槛之中，摇尾而求食，积威约之渐也。故士有画地为牢势不入，削木为吏议不对，定计于鲜也。今交手足，受木索，暴肌肤，受榜棰，幽于圜墙之中，当此之时，见狱吏则头枪地，视徒隶则心惕息。何者？积威约之势也。及已至此，言不辱者，所谓强颜耳，曷足贵乎！且西伯，伯也，拘牖里；李斯，相也，具五刑；淮阴[34]，王也，受械于陈；彭越、张敖[35]南乡称孤，系狱具罪；绛侯诛诸吕[36]，权倾五伯，囚于请室；魏其[37]，大将也，衣赭关三木；季布为朱家钳奴[38]；灌夫受辱居室[39]。此人皆身至王侯将相，声闻邻国，及罪至罔加，不能引决自财。在尘埃之中，古今一体，安在其不辱也！由此言之，勇怯，势也；强弱，形也。审矣，曷足怪乎！且人不能蚤自财绳墨之外，已稍陵夷至于鞭棰之间，乃欲引节，斯不亦远乎！古人所以重施刑于大夫者，殆为此也。夫人情莫不贪生恶死，念亲戚，顾妻子，至激于义理者不然，乃有不得已也。今仆不幸，蚤失二亲，无兄弟之亲，独身孤立，少卿视仆于妻子何如哉？且勇者不必死节，怯夫慕义，何处不勉焉！仆虽怯耎欲苟活，亦颇识去就之分矣，何至自湛溺累绁之辱哉！且夫臧获婢妾犹能引决[40]，况若仆之不得已乎！所以隐忍苟活，函粪土之中而不辞者，恨私心有所不尽，鄙没世而文采不表于后也。

古者富贵而名摩灭，不可胜记，唯俶傥非常之人称焉。盖西伯拘而演周易[41]；仲尼戹而作春秋[42]；屈原放逐[43]，乃赋离骚；左丘失明[44]，厥有国语；孙子膑脚[45]，兵法修列；不韦迁蜀，世传吕览[46]；韩非囚秦[47]，说难、孤愤。诗三百篇，大氐贤圣发愤之所为作也。此人皆意有所郁结，不得通其道，故述往事，思来者。及如左丘明无目，孙子断足，终不可用，退论书策以舒其愤，思垂空文以自见。仆窃不逊，近自托于无能之辞，网罗天下放失旧闻，考之行事，稽其成败兴坏之理[48]，凡百三十篇，亦欲以究天人之际，通古今之变，成一家之言。草创未就，适会此祸，惜其不成，是以就极刑而无愠色。仆诚已著此书，藏之名山，传之其人通邑大都，则仆偿前辱之责，虽万被戮，岂有悔哉！然此可为智者道，难为俗人言也。

且负下未易居[49]，下流多谤议[50]。仆以口语遇遭此祸，重为乡党戮笑，污辱先人，亦何面目复上父母之丘墓乎？虽累百世，垢弥甚耳！是以肠一日而九回，居则忽忽若有所亡，出则不知所如往。每念斯耻，汗未尝不发背沾衣也。身直为闺阁之臣，宁得自引深臧于岩穴邪！故且从俗浮湛，与时俯仰，以通其狂惑。今少卿乃教以推贤进士，无乃与仆之私指谬乎。今虽欲自雕瑑，曼辞以自解，无益，于俗不信，祇取辱耳。要之死日，然后是非乃定。书不能尽意，故略陈固陋。

注解

[1] 少卿：任安，字少卿。

[2] 望：抱怨。

［3］罢（pí）驽：疲弱无能的马。罢，衰弱，无能。驽，劣马。

［4］尤：指责。

［5］大质：身体。

［6］东从上来：指太始四年司马迁随武帝东巡泰山，返回长安一事。

［7］薄从上上雍：随汉武帝去雍地祭祀的日子越来越近。薄，迫近。雍，地在今陕西凤翔南。

［8］憯（cǎn）：通“惨”，惨痛。

［9］卫灵公：卫灵公与夫人同车出游，令太监雍渠坐在一旁，又让孔子坐到车上，孔子以为耻辱。雍渠：卫国的宦官。

［10］“商鞅”以下两句：因为商鞅是靠太监景监的推荐才见到秦孝公的，贤士赵良见此，感到寒心。

［11］同子：汉文帝时的宦官赵谈。因与司马迁父亲司马谈同句，这里避父讳而称“同子”。参（cān）乘：陪坐在车子右面的人。爰丝：爰盎，字丝，汉文帝时大臣。

［12］辇毂：皇帝车驾。

［13］惟：思虑。

［14］岩穴之士：隐士，在野的贤士。

［15］搴（qiān）：拔取。

［16］苟合取容：苟且求合以求容身。

［17］厕：忝列。

［18］阘（tà）茸：卑贱。

［19］奉薄技：贡献微薄的才能。奉，贡献。

［20］周卫：指严密防卫的官禁。

［21］知（zhì）：通“智”，才智。

［22］李陵：汉将李广之孙，汉武帝时率兵与匈奴作战，矢尽

援绝而降。

[23] 媒孽（niè）：酒曲，这里是酝酿的意思。

[24] 王庭：指匈奴首领单于的住地。

[25] 旃裘：兽毛制作的毛毡和皮衣，代指匈奴人。旃，通“毡”。

[26] 棬（quān）：弩弓。

[27] 沮：诽谤。贰师：指贰师将军李广利，汉武帝宠妃李夫人之兄。李陵被围，李广利未能及时救援，司马迁替李陵辩护，因此被认为是在诋毁李广利。

[28] 理：大理寺，掌刑法。

[29] 蚕室：受过宫刑之人所住的密不透风的屋子。

[30] 剖符丹书：汉初规定，凡受封剖符丹书的有功之臣，子孙有罪可获赦免。剖符，是一剖为二的符，君臣各执其半，以为凭信。丹书，是用朱砂写在铁券上的誓词。

[31] 文史星历：指文献、历史、天文、历法。卜：掌占卜的官。祝：掌祭礼的官。

[32] 趋（qū）：趋向，归向。

[33] 诎（qū）体：身体被捆绑。诎，弯曲，卷曲。

[34] 淮阴：汉初大将淮阴侯韩信。刘邦曾因怀疑楚王韩信谋反而将他抓起来，赦免后降为淮阴侯。

[35] 彭越、张敖：两人在汉初都是王，彭越受封为梁王，张敖为赵王，所以都面南背北而称孤，后来也都因谋反之罪而入狱。

[36] 绛侯：周勃。他灭掉刘邦妻子吕后的亲族，权势超过春秋五霸，却因谋反罪而被囚禁在专门关押有罪官吏的请室。

[37] 魏其：汉景帝时大将军魏其侯窦婴，他曾穿着囚犯的赭色衣服，戴着头枷、手铐和脚镣。

[38] 季布：项羽的大将。项羽失败后，刘邦欲以重金收买季布，他便自受钳刑，卖身于鲁人朱家为奴。

[39] 灌夫：汉景帝时为郎中将，武帝时为太仆，因得罪丞相田蚡而被囚。

[40] 臧获：古代某些地方对奴婢的贱称。

[41] 西伯拘而演周易：指周文王被拘时推演八卦，形成《周易》。

[42] 仲尼：孔子，名丘，字仲尼。戹：困顿。

[43] 屈原：战国时楚国大夫，后被逐投汨罗江，著有《离骚》。

[44] 左丘：春秋时鲁国史官。

[45] 孙子：孙膑，著有《孙膑兵法》，已失传。髌脚：古代断足的刑罚。

[46] 不韦：吕不韦，秦始皇初为相国。《吕览》：《吕氏春秋》，为吕不韦组织门客所作。

[47] 韩非：战国末年韩国公子，在秦国被李斯谗害致死，著有《韩非子》。

[48] 稽：考察。

[49] 负下：背负罪名。

[50] 下流：地位低下。

译文

少卿足下：此前承蒙您给我写信，教导我务必谨慎地待人接物，以推举贤能、引荐人才为己任，信中情意恳切诚挚，但抱怨我没有遵从您的意见去推荐贤才，而去附和俗人的见解。其实，我并非如此。我虽然平庸无能，但也曾听到过德高才俊的前辈流传下来的风尚。只是我自认为身体已遭受摧残，又处于污秽可耻的境地，每有行动便受到指责，想对事情有所增益，结果反而遭到损害，因此我独自忧闷而无处诉说。俗话说："为谁去做，让谁来听？"锺子期死了，伯牙从此不再弹琴。这是为什么呢？贤士乐于为了解自己的人效力，女子为喜爱自己的人而打扮。像我这样的人，身躯已经亏残，即使拥有随侯之珠、和氏之璧那样的经世之才，品行如许由、伯夷那样高尚，终究不能引以为荣，恰足以引人耻笑而自取污辱。

来信本应及时答复，刚巧我侍从皇上东巡回来，后又忙于烦琐之事，同您见面的日子很少，我又匆匆忙忙地没有片刻空闲来详尽地表达心意。现在您蒙受意想不到的罪祸，再过一月就临近十二月，我侍从皇上到雍地祭祀的日期也迫近了，恐怕突然之间您就会有不幸之事发生，使我终生不能向您抒发胸中的愤懑，那么与世长辞的灵魂会永远留下无穷的遗怨。请让我向您大略陈述浅陋的意见。隔了很长的日子没有复信给您，希望您不要责怪。

我认为，善于加强自我修养，智慧就聚于一身；乐于助人是行仁德的起点；正当的取予是遵守道义的依据；懂得耻辱是勇敢与否的标志；树立美好的名声是品行的终极目标。一个士人具备这五种品德，然后就可以立足于社会，进入君子的行列中了。所以，祸患没有比贪图私利更悲惨的了，悲哀没有比心灵受创更痛苦的了，行为没有比污辱祖先更丑恶的了，耻辱没有比遭受宫刑更严重的了。受过宫刑的人，没人愿和他相提并论，这并非当今之世如此，而是由来已久了。从前卫灵公与宦官雍渠同坐一辆车子，孔子感到羞耻，便离开卫国到陈国去；商鞅依靠宦官景监的推荐而被秦孝公召见，贤士赵良为此寒心；太监赵谈陪坐在汉文帝的车上，爰盎为之脸色大变。自古以来，人们对宦官都是鄙视的。对于一个才能平庸的人，倘若沦落到与宦官为伍，都没有不感到屈辱的，更何况一个激昂刚毅的志士呢？如今朝廷虽然缺乏人才，但怎么会让一个受过宫刑的人来推荐天下的豪杰俊才呢？我继承父亲的遗志，在京城任职，到现在已二十多年了。我常常这样想：对上，我不能对君王尽忠和报效信诚，也没有奇策和才干的称誉，从而得到皇上的赏识；其次，又不能替君主拾取遗漏，补正阙失，招纳贤才，推举能人，发现山野隐居的贤士；对外，不能参与军队攻城野战，以建立斩将夺旗的功劳；从最次要的方面来看，又不能逐步积累功劳，谋得高官厚禄，来为宗族和朋友争光。这四个方面没有哪一方面做出成绩，我只能有意地迎合皇上的心意，以保全自己的地位。我没有些微的建树，可以从这些方面看出来。以前，我也曾置身于下大夫的行列，在朝堂上发表些微不足道的意见。我没有利用这个机会伸张纲纪，竭尽思虑，到现在身体残废而成为地位低下的人，处在卑贱者中间，还想昂首扬眉，评论是非，岂不是轻视朝廷、羞辱了当世的君子们吗？唉！唉！像我这样的人，还有什么可说的！还有什么可说的！

而且，事情的前因后果是不容易弄明白的。我在年轻时就没有卓越不羁的才华，成年以后也没有得到乡里的称誉，幸亏皇上因为我父亲是太史令，使我能够获得奉献微薄才能的机会，出入宫禁之中。我认为头上顶着盆子就不能望天，所以断绝了与宾客的往来，忘掉了家室的事务，日夜都在考虑竭力献出自己微不足道的才干和能力，专心供职，以求得皇上的信任和宠幸，却不料事与愿违到如此地步！我和李陵都在朝中为官，向来没有多少交往，追求和反对的目标也不相同，从不曾在一起举杯饮酒，互相表示友好。但是我观察李陵的为人，确是个自守节操的出众人物，侍奉父母讲孝道，同朋友交往守信用，对待钱财很廉洁，或取或予都合乎礼义，能分别长幼尊卑，谦让有礼，恭敬谦卑自甘人下，总是考虑着奋不顾身来赴国家的急难。他平素含蕴的品德，我认为有国士的风度。做人臣的，出于宁可万死而不顾一生的考虑，奔赴国家之危难，这已经是很少见的了。现在他行事一旦有不当，那些只顾保全自己性命和妻室儿女利益的臣子们，便跟着挑拨是非，夸大过错，陷人于祸，我确实从内心感到沉痛。况且李陵带领的兵卒不满五千，深入敌人军事要地，足迹到达单于的王庭，好像在虎口边垂挂诱饵，向强大的胡兵挑战，面对着众多敌兵，同单于的军队连续作战十多天，杀伤的敌人数超过了自己军队的人数，使得敌人连救援都顾不上。匈奴君王十分震惊，于是征调左右贤王的部将，出动了所有能够参战的人，举国上下，共同围攻李陵。李陵转战千里，弓箭都用完了，进退之路已经断绝，救兵不来，士兵死伤成堆。但是，当李陵振臂一呼、鼓舞士气的时候，兵士没有不奋起抗

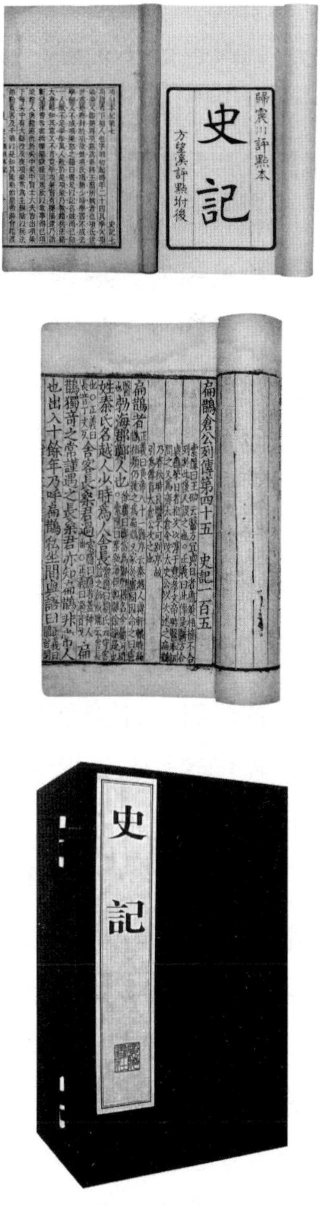

不同版本的《史记》

敌的，他们流着眼泪，一个个满脸是血，强忍悲泣，拉开空的弓弦，迎着白光闪闪的刀锋，向北拼死杀敌。当李陵的军队尚未覆没的时候，使者曾给朝廷送来捷报，朝廷的公卿王侯都举杯为皇上庆贺。几天以后，李陵兵败的奏书传来，皇上为此食不甘味，处理朝政也颇不愉快。大臣们又忧虑又害怕，不知如何是好。我私下里并未考虑到自己地位卑贱，见皇上悲痛伤心，实在想尽一点愚忠。我认为李陵向来与将士们同甘共苦，能够换得士兵们拼死效命，即使是古代名将恐怕也没有能超过的。他虽然身陷重围，兵败投降，但他所显示出的心意，是想寻找机会报效汉朝。事情已经到了无可奈何的地步，但他摧垮、打败敌军的功劳，也足以向天下人显示他的本心了。我本来打算向皇上陈述上面的看法，但没有得到适当的机会，恰逢皇上召见，询问我的看法，我就根据这些意见来论述李陵的功劳，想以此来宽慰皇上的胸怀，堵塞那些攻击、诬陷李陵的言论。我没有完全说清我的意思，明主尚未深入了解，认为我是诋毁贰师将军，而为李陵辩解，于是将我交付大理寺处罚。我的虔敬和忠诚的心意，始终没有机会陈述和辩白，被判了

汉武帝刘彻

诬上的罪名，皇上最终同意了法吏的判决。我家境贫寒，微薄的钱财不足以拿来赎罪，朋友们谁也不出面营救，皇帝身边的亲近大臣又不肯替我说一句话。我身非木石，却独自与执法的官吏打交道，关在牢狱之中，我向谁去诉说内心的痛苦呢？这些，正是少卿亲眼所见的，我的所作所为难道不正是这样吗？李陵投降以后，败坏了其家族的名声，而我接着被置于蚕室，更被天下人耻笑，可悲啊！可悲啊！

这些事情是不容易逐一地向俗人解释的。我的祖先没有受赐剖符丹书那样的功劳，所从事的是起草文书、编写史料、记录天象、制定律历的工作，地位接近于卜官和太祝一类，本是皇上所戏弄并当作乐师、优伶来豢养的人，是世俗所轻视的。假如我伏法被杀，如同是九头牛身上失掉一根毛，同蝼蚁又有什么区别？世人又不会拿我与能殉节的人相比，只会认为我是智虑穷尽、罪大恶极，不能免于死刑，而终于走向死路的啊！为什么会这样呢？这是我平素所从事的职业以及所处的地位促成的。人总有一死，但有的人死得比泰山还重，有的人却比鸿毛还轻，这是因为他们在为什么而死上有区别！一个人最上等的是不辱没先人，其次是不辱没自己，其次是使颜面上不受辱，其次是辞令上不受辱，其次是被囚而受辱，其次是穿上囚服受辱，其次是戴上脚镣手铐、被杖击鞭笞而受辱，其次是被剃光头发、颈戴枷锁而受辱，其次是毁坏肌肤、断肢截体而受辱，最下等的是腐刑，侮辱到了极点。古书说："刑不上大夫。"这是说士人不可不磨砺自身的气节。猛虎生活在深山之中时，百兽都害怕它，等到它落入陷阱和笼子之中时，就只得摇着尾巴乞求食物，这是人不断地使用威力和约束而逐渐使它驯服的。所以，士子看见画地为牢而决不进入，面对削木而成的假狱吏也决不同他对答，这是由于早有主意，事先就态度鲜明，决计在受辱之前便自杀。现在手脚交叉，被木枷锁住、绳索捆绑，皮肉暴露在外，受着棍打和鞭笞，被关在牢狱之中。在这种时候，看见狱吏就叩头触地，看见牢卒就恐惧喘息。这是为什么呢？是威势和禁约所造成的。事情已经到了这种地步，再谈什么不受污辱，那就是人们常说的厚脸皮了，有什么值得尊贵的呢？况且，像西伯姬昌，是诸侯的领袖，曾被拘禁在牖里；李斯是丞相，也受尽了五刑；淮阴侯韩信，被封为王，却在陈地被戴上刑具；彭越、张敖都是面南背北、称孤道寡的王，被捕入狱并定下罪名；绛侯周勃曾诛杀吕氏党羽，一时间权势超过春秋五霸，也被囚禁在请罪室中；魏其侯窦婴是一员大将，也穿上了囚衣，手、脚、颈项都套上了刑具；季布以铁圈束颈卖身给朱家当了奴隶；灌夫被拘于居室而受屈辱。这些人都曾身居王侯将相的地位，声名传扬到邻国，等到犯了罪而法网加身的时候，却不能引决自裁，而落入微尘一般轻贱的境地。古今都一样，哪里有不受辱的呢？照这样说来，勇敢或怯懦，乃是形势所造成的；强或弱，也是形势所决定的。明白了这个道理，还有什么奇怪的呢？况且人不能早早地自杀以逃脱于法网之外，而到了被摧残和被杖打受刑的时候，才想到保全节操，这种愿望和现实不是相距太远了吗？古人之所以不轻易对大夫用刑，就是因为这个缘故。按人之常情，没有谁不贪生怕死的，顾念父母，顾虑妻室儿女。至于那些为正义和公理所激奋的人则不是这样，那是因为有迫不得已的缘由。如今我很不幸，早早地失去双亲，又没有兄弟相爱护，独身一人，孤立于世，至于对妻室儿女怎样，少卿是看得出来的吧？况且一个勇士不一定死于名节，而怯懦的人仰慕大义，则可以随时随地勉励自己不受辱！我虽然怯懦软弱，想苟活在人世，但也颇能区分弃生就死的界限，何至于甘心牢狱生活而忍受屈辱呢！再说奴隶婢妾尚且懂得自杀，何况像我到了这样不得已的地步！我之所以含垢忍辱，苟且偷生，被囚禁于粪土般的牢狱中而不肯死的原因，是因为我心愿尚未完全实现，如果在屈辱中离开人世，那我的文章就不能公诸后世了。

古代身虽富贵而名字磨灭不传的人，多得数不清，只有那些卓异而不平常的人才著称于世。周文王被拘禁而推演了《周易》；孔子在穷困的境遇中编写了《春秋》；屈原被放逐才写了《离骚》；左丘明双目失明，才有了《国语》；孙膑被截去膝盖骨，《兵法》才撰写出来；吕不韦被贬谪蜀地，后世才流传着《吕氏春秋》；韩非被囚禁在秦国，写出了《说难》《孤愤》；至于《诗经》三百篇，也大抵是一些圣贤抒发郁愤而写作的。这些人都是感情有压抑郁结不解之处，不能实现其理想，所以记述过去的事迹，使将来的人了解他的志向。就像左丘明失了双眼、孙膑断了双脚，不能被人重用，便退而著书立说，抒发心中的怨愤，期望文章能流传后世，来表露自己的思想。我自不量力，近来将自己的心愿寄托在无用的言辞上，搜集天下散失的历史传闻，粗略地考订其事实，综述其事实的本末，推究其成败盛衰的道理，一共一百三十篇，也是想探求天道与人事之间的关系，贯通古往今来变化的脉络，成为一家之言。（此书）刚开始草创尚未完毕，恰恰遭遇这场灾祸，我痛惜这部书不能完成，因此便接受了最残酷的刑罚而不敢有怒色。我真的想完成这部书，把它（暂时）藏进名山，以后再传给可传的人，再让它流传进都市之中，那么，我便抵偿了以前所受的侮辱，即便是让我千次万次地被杀戮，又有什么可后悔的呢！但是，这些只能说给有见识的人，却很难向世俗之人讲清楚。

况且，背负着因罪受刑的名声在社会上不容易居处，地位卑贱的人受到的非议和指责也就很多。我因为多嘴说了几句话而遭遇这场大祸，又被乡里、朋友羞辱和嘲笑，辱没了祖宗，又有什么脸面再到父母的坟墓上去祭扫呢？即使是到百代之后，也只是污垢和耻辱更甚而已！因此痛苦之情在我心中辗转，坐在家中，精神恍恍惚惚，若有所失；出门则不知道往哪儿走。每当想到这件耻辱的事，没有一次不汗流浃背、沾湿衣襟的。我身为皇宫里的小臣，怎么能够自己引退，隐居在山林岩穴呢？所以只得随俗浮沉，跟着形势上下，以抒发我内心的悲愤。如今少卿竟教我要推贤进士，这不是与我个人的旨趣相违背吗？现在我虽然想自我装饰一番，用美好的言辞来为自己开脱，也没有用，因为世俗之人是不会相信的，只会使我自讨侮辱罢了。简单地说，人要到死后，是非才能够论定。这封信不能完全表达我的心意，（只能）略为陈述我固塞而浅陋的想法罢了。

《出师表》

诸葛亮

导读

诸葛亮是一个悲剧人物，他智可经天纬地，却生逢乱世；以非常之才，却侍奉了一个昏庸之主。但正是这种不可调和的矛盾才显示出了他的非凡品德：忠诚敬业。愚忠当然不好，抛开这一层不说，忠比奸好，勤比懒好，忠诚敬业是一种普世价值。放眼古今政坛，懒于公事，钻营投机，以售其奸者时而有之。所以，诸葛亮的这种品德才难能可贵，这篇文章才得以代代相传，长读不衰。《前出师表》苦口婆心，讲君主“亲贤臣，远小人”之理；《后出师表》披肝沥胆，讲为臣“鞠躬尽瘁”之责。他提出了一个明君贤臣的政治标准，放之四海而皆准。直至当代像毛泽东这样的伟人也难免犯“亲小人，远贤臣”的错误而有“文化大革命”之难；而周恩来鞠躬尽瘁终成一代名相。经典之妙在于能预言后世。

关键词句

亲贤臣，远小人。

名言成语

亲贤臣，远小人。受任于败军之际，奉命于危难之间。

作者介绍

诸葛亮（181—234），字孔明，号卧龙，东汉末年琅邪阳都（今山东沂南南）人，三国时期杰出的政治家、战略家、军事家，同时又是一位卓越的文学艺术家。青年时随叔父逃避战乱隐居南阳隆中，经刘备多次邀请，辅佐刘备建立蜀汉政权，担任丞相。刘备死后，诸葛亮受命辅佐后主刘禅。234 年死于军中，时年 53 岁。千百年来诸葛亮成为智慧的化身，其传奇故事为世人所传诵。

正文

先帝创业未半而中道崩殂[1]，今天下三分，益州疲弊[2]，此诚危急存亡之秋也。然侍卫之臣不懈于内，忠志之士忘身于外者[3]，盖追先帝之殊遇[4]，欲报之于陛下也。诚宜开张圣听，以光先帝遗德，恢弘志士之气[5]，不宜妄自菲薄[6]，引喻失义[7]，以塞忠谏之路也。宫中府中[8]俱为一体，陟罚臧否[9]，不宜异同[10]。若有作奸犯科及为忠善者，宜付有司论其刑赏，以昭陛下平明之理，不宜偏私，使内外异法也。侍中、侍郎郭攸之、费祎、董允等[11]，此皆良实，志虑忠纯，是以先帝简拔以遗陛下[12]。愚以为宫中之事，事无大小，悉以咨之，然后施行，必能裨补阙漏[13]，有所广益。将军向宠，性行淑均，晓畅军事，试用于昔日，先帝称之曰能，是以众议举宠为督[14]。愚以为营中之事，悉以咨之，必能使行陈和睦，优劣得所。亲贤臣，远小人，此先汉所以兴隆也；亲小人，远贤臣，此后汉所以倾颓也。先帝在时，每与臣论此事，未尝不叹息痛恨于桓、灵也。侍中、尚书、长史、参军[15]，此悉贞良死节之臣[16]，愿陛下亲之信之，则汉室之隆，可计日而待也。

臣本布衣，躬耕于南阳[17]，苟全性命于乱世，不求闻达于诸侯[18]。先帝不以臣卑鄙[19]，猥自枉屈，三顾臣于草庐之中，谘臣以当世之事，由是感激，遂许先帝以驱驰[20]。后值倾覆[21]，受任于败军之际，奉命于危难之间，尔来二十有一年矣。先帝知臣谨慎，故临崩寄臣以大事也[22]。受命以来，夙夜忧叹[23]，恐托付不效，以伤先帝之明，故五月渡泸[24]，深入不毛[25]。今南方已定，兵甲已足，当奖率三军，北定中原，庶竭驽钝[26]，攘除奸凶[27]，兴复汉室，还于旧都[28]。此臣所以报先帝，而忠陛下之职分也。

至于斟酌损益，进尽忠言，则攸之、祎、允之任也。愿陛下托臣以讨贼兴复之效；不效，则治臣之罪，以告先帝之灵。若无兴德之言，则责攸之、祎、允等之慢，以彰其咎。陛下亦宜自谋，以谘诹善道，察纳雅言，深追先帝遗诏。臣不胜受恩感激。今当远离，临表涕零，不知所言。

注解

[1] 先帝：刘备。崩殂：古时指皇帝的死亡。

[2] 益州：相当于今四川大部及云南、贵州部分地区。疲弊：困乏。

[3] 内：朝廷。忠志之士：军中将士。

[4] 追：追念。

[5] 恢弘：振奋。

[6] 妄自菲薄：不知自重，轻视自身价值。

[7] 引喻失义：说话不恰当。引喻，称引，譬喻。义，适宜，恰当。

[8] 宫：皇宫。府：丞相府。

[9] 陟（zhì）：升迁。臧否（zāng pǐ）：善恶，这里指表扬和批评。

[10] 异同：不同。

[11] 侍中：侍从皇帝左右，以备应对顾问的官员。侍郎：宫廷近侍官。

[12] 简拔：选拔。遗（wèi）：交付。

[13] 裨（bì）：增益。阙（quē）：缺点。漏：疏漏，过失。

[14] 督：指向宠任中部督，掌禁卫军。

[15] 尚书：协助皇帝处理政务的官。长史：设于丞相、三公府中，行其辅佐之职。参军：丞相府或诸王府中的重要幕僚。

[16] 死节：为保全节操而死。这里有以死报国的意思。

[17] 南阳：郡名。诸葛亮曾隐居于南阳隆中（今湖北襄阳西）。

[18] 闻：出名。达：显达。

[19] 卑鄙：低微而鄙陋。

[20] 驱驰：奔走效劳。

[21] 倾覆：兵败。

[22] 寄：托付。

[23] 夙夜：朝夕，日夜。

[24] 泸：泸水，即金沙江。

[25] 不毛：不长草木的荒芜之地。

[26] 庶：但愿，或许。

[27] 攘除：除掉，清除。奸凶：指曹操。

[28] 旧都：指东汉都城洛阳。

译文

先帝开创大业未完成一半竟中途去世，如今天下分成三国，我益州地区人力疲惫、民生凋敝，这真是处在万分危急、存亡难料的时刻。但是，宫廷里侍奉守卫的臣子不敢稍有懈怠，疆场上忠诚有志的将士舍生忘死地作战，这都是追念先帝的特殊恩遇，想报答给陛下的缘故。陛下确实应该广开言路、听取群臣意见，发扬光大先帝的美德，振奋志士们的气概，绝不应随便看轻自己，说出不恰当的话，以致堵塞了忠诚进谏的道路。陛下身边的近臣和丞相府统领的官吏本都是一个整体，升赏惩罚、扬善除恶，不应标准不同。如有做坏事违犯法纪的或尽忠心做善事的，应该一律交给主管部门加以惩办或奖赏，以显示陛下在治理方面公允明察，切不应私心偏袒，使宫廷内外施法不同。侍中、侍郎郭攸之、费祎、董允等，都是忠良诚实之人，因而先帝才选留下来辅佐陛下。

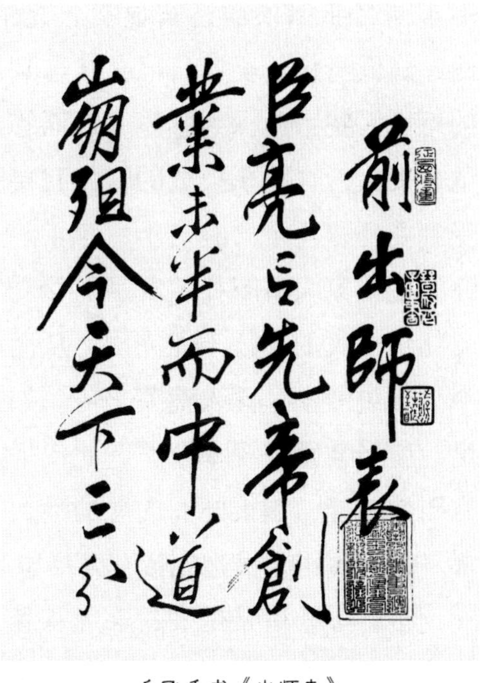

岳飞手书《出师表》

我认为宫内的事情，无论大小，应当征询他们的意见，然后再去施行，这样一定能够补正疏失，增益实效。将军向宠，性情德行平和公正，通晓军事，当年试用，先帝曾加以称赞并说他能干，因而经众人评议荐举任命为中部督。我认为军营里的事情，都可以征询他的意见，这样一定能够使军伍团结和睦，德才高低的人各得其所。亲近贤臣，远避小人，这是汉朝前期之所以能够兴盛的原因；亲近小人，远避贤臣，这是汉朝后期之所以衰败的原因。先帝在世的时候，每次跟我谈论起这些事，对于桓帝、灵帝的做法，没有一次不叹息遗憾。侍中郭攸之、费祎，尚书陈震，长史张裔，参军蒋琬，这些都是忠贞、坦直，能以死报国的节义臣子，诚愿陛下亲近他们，信任他们，则汉王室的兴盛，就指日可待了。

我本是个平民，在南阳郡务农亲耕，在乱世间只求保全性命，不求闻名于诸侯而达官显贵。先帝不介意我身份低微、见识短浅，降低身份、委屈自己，接连到草庐看我，征询我对时局大事的意见，我因此深为感激，从而答应为先帝奔走效力。后来正遇危亡关头，在战事失败的时候我接受了任命，在危机患难期间我受到委任，至今已有二十一年了。先帝深知我做事谨慎，所以临终时把国家大事嘱托给我了。接受遗命以来，日夜担忧兴叹，唯恐托付给我的大任不能完成，从而有损先帝的英明，所以我五月率兵渡过泸水，深入荒芜之境。如今南方已经平定，武库兵器充足，应当鼓励和统率全军，北伐平定中原地区，我希望竭尽自己有限的才能，消灭奸邪凶恶的敌人，复兴汉朝王室，迁归旧日国都。这是我用来报答先帝，并尽忠心于陛下的职责本分。

至于掂量利弊得失，毫无保留地进献忠言，那就是郭攸之、费祎、董允的责任了。希望陛下责成我去讨伐奸贼并取得成效，如果不取得成效，那就惩治我失职的罪过，用来告慰先帝的在天之灵。如果没有发扬圣德的言论，那就责备郭攸之、费祎、董允等人的疏忽，公布他们的罪责。陛下也应该自己思虑谋划，征询从善的道理，明察和接受正直的进言，深切追念先帝遗留下来的诏书。我就受恩感激不尽了。如今要出征远行了，流着泪写了这篇表文，激动得不知该说些什么话。

附　诫子书

夫君子之行，静以修身，俭以养德。非淡泊（澹泊）无以明志，非宁静无以致远。夫学须静也，才须学也。非学无以广才，非志无以成学。淫慢则不能励精，险躁则不能治性。

年与时驰，意与日去，遂成枯落，多不接世，悲守穷庐，将复何及！

《桃花源记》

陶渊明

导读

人类自脱离生产力低下的原始共产主义，就有了阶级，有了国家，有了战争，有了不平等，老百姓就有了各种痛苦，于是就向往一种平静、安宁、无负担、无政治干扰的社会。这种理想社会在欧洲到1516年才由空想社会主义者莫尔设计出来，写成一本幻想小说《乌托邦》。在中国公元4世纪时，即由东晋文学家陶渊明用300余字绘出一幅生动的实景图。这是一个中国式的原始的空想社会主义。作者一生五隐五出，面对乱世有自己独到的思考。中国古代从秦至清历经两千余年，其间不知有多少政治家在不厌其烦地阐述怎样治国平天下，怎样用权御人，陶渊明这里却在说无为而治。作者找到一种人类和谐相处并又与自然和谐相处的生存方式。难得的是他用文学的手法了无痕迹地翻译出了一种政治理念，让我们在文字美的享受中畅游了一回理想国。于是，这种理想的生存方式和对它的追求便深深地植入中国人的脑海里。

在本书所荐十篇政治美文中，其余九篇都在谈现实中的政治，谈积极治理；唯此篇在谈理想中的政治，谈无为而治。同时，本文也是十篇中最文学化的一篇，以至于常美得让人忘记了它的政治含义。

关键词句

怡然自乐。

名言成语

不知有汉，无论魏、晋；不足为外人道。

作者介绍

陶渊明（352或365—427），字元亮，一名潜，谥号靖节先生。东晋末期著名诗人、文学家、辞赋家、散文家。东晋浔阳柴桑（今江西九江市西南）人。曾做过几年小官，因不愿意为“五斗米折腰”，弃职归隐，躬耕田园。陶渊明是中国古代最著名的田园隐逸诗人，其代表作品有《饮酒》《归园田居》《桃花源记》《五柳先生传》等。

正文

晋太元中[1]，武陵人捕鱼为业[2]；缘溪行，忘路之远近。忽逢桃花林。夹岸数百步，中无杂树，芳草鲜美，落英缤纷[3]。渔人甚异之，复前行，欲穷其林。

林尽水源，便得一山。山有小口，仿佛若有光。便舍船从口入。初极狭，才通人。复行数十步，豁然开朗。土地平旷，屋舍俨然[4]，有良田、美池、桑竹之属，阡陌交通，鸡犬相闻。其中往来种作，男女衣著，悉如外人。黄发垂髫[5]，并怡然自乐。见渔人，乃大惊，问所从来，具答之。便要还家[6]，设酒杀鸡作食。村中闻有此人，咸来问讯[7]。自云先世避秦时乱，率妻子邑人，来此绝境，不复出焉，遂与外人间隔。问今是何世[8]，乃不知有汉，无论魏、晋。此人一一为具言所闻，皆叹惋。余人各复延至其家，皆出酒食。停数日，辞去。此中人语云："不足为外人道也[9]。"

既出，得其船，便扶向路[10]，处处志之[11]。及郡下，诣太守说如此[12]。太守即遣人随其往，寻向所志，遂迷不复得路。

南阳刘子骥[13]，高尚士也，闻之，欣然规往，未果，寻病终[14]。后遂无问津者[15]。

注解

［1］太元：东晋孝武帝司马曜的年号。

［2］武陵：郡治在今湖南常德。

［3］落英：落花。一说为初开的花。

《归去来辞》图

［4］俨然：整齐的样子。

［5］黄发：指头发变白、变黄的老人。垂髫（tiáo）：古代男子成年要加冠，而童子未冠者头发下垂。

［6］要（yāo）：邀请，约请。

［7］咸：都，皆。

［8］何世：几世皇帝。世，世代。秦始皇废除谥号，自己之后的皇帝都往下排着称二世、三世等。

［9］不足：不必，不值得。

［10］扶：沿着。向路：原来的路。

［11］志：做标记。

［12］诣：拜见。太守：郡的长官。

［13］刘子骥：南阳（今河南南阳）人。好游山水，隐居阳岐，终身不仕。

［14］寻：不久。

［15］问津者：问路的人。津，渡口。

译文

东晋太元年间，有个武陵人靠捕鱼为生；（一次渔人）沿着小溪划船，忘记走了多远。忽然遇到一片桃花林，夹着小溪的两岸有几百步宽。中间没有别的树木，芳草如茵，地上的落花繁多。渔人对此感到非常惊异，他又向前划去，想走到那片林子的尽头。

桃花林在溪水发源的地方没有了，（在那里）便看到一座山。山边有个小洞，隐隐约约好像有光亮。渔人弃船上岸，从小洞口进入。起初洞口很狭窄，仅能容一个人通过。又向前走了几十步，一下子变得开阔敞亮了。只见土地平坦宽阔，房屋整齐，有肥沃的土地、清澈的池塘，还有桑树竹林之类。田间小路交错相通，（村落间）能互相听到鸡犬的叫声。村里面，人们来来往往耕种劳作，男男女女的衣着装束完全和桃花源外的人一样，老人和小孩都高高兴兴，自得其乐。（桃花源的人）一见渔人，大为惊奇，问他是从哪里来的。（渔人）细致详尽地回答了他们的问题，人们就把渔人请到自己家里，摆酒杀鸡做饭款待他。村里人听说来了这么一个人，都来打听消息。（他们）说自己的祖先（为了）躲避秦时的战乱，带着妻子儿女和同乡人来到这个与世隔绝的地方，不再出去了，于是就同外界的人隔绝了。他们问（渔人）现在是什么朝代，（他们）竟然不知道有汉朝，更不必说魏朝和晋朝了。渔人给（桃花源中的人）详细地诉说他知道的事情，他们都感叹不已。其余的人又各自邀请渔人到他们家里，都拿出酒菜饭食来款待他。渔人居住了几天，告辞离开。桃花源里的人告诉他说："（这里的情况）不必要对外界的人说。"

（渔人）出来后，找到了他的船，就沿着先前的路回去，（一路上）处处标上记号。回到了武陵郡，渔人便去拜见太守，把这些情况做了禀报。太守立即派人随他前往，寻找先前所做的记号，结果迷了路，再也没找到通向桃花源的路。

南阳有个刘子骥，是位隐士，听到这个消息，兴致勃勃地计划前往桃花源，（但他的愿望）没有实现，不久就病死了。以后就不再有探访（桃花源）的人了。

《谏太宗十思疏》

魏 徵

导读

魏徵的这篇《谏太宗十思疏》与贾谊反思前朝之过的《过秦论》不同，是讨论当朝的政权建设；与诸葛亮谆谆教导暗弱庸君的《出师表》不同，是对一个强势君王的批评。诤言逆耳，类似庐山会议上彭德怀、张闻天对毛泽东的“进谏”。文章讨论一个新生政权怎样才能巩固；一个有功、有为、有权、有威的君主，怎样才能头脑清醒，自戒自律，免遭覆灭之灾。这类似1945年黄炎培与毛泽东在延安讨论的政权周期率，类似1949年西柏坡会议上毛泽东、周恩来说的进城后不能当李自成。可见，政治规律一以贯之，是有继承性的。文章至今仍有现实意义。

本文写法，劈面一句“求木之长者，必固其根本”，以“理”开头，先占据制高点，然后顺流而下，指古说今，剖事析理，一泻千里。语重心长，言辞犀利，一个成熟政治家的形象如在眼前。

关键词句

居安思危，戒奢以俭；载舟覆舟，所宜深慎。

名言成语

居安思危；择善而从。

作者介绍

魏徵（580—643），字玄成，一说为魏州曲城（今属河北）人。父母早亡，家境贫寒，但喜爱读书，后参加反隋义军，起义失败后转入唐高祖李渊部下，逐渐成为李世民的重要文臣。曾任谏议大夫、左光禄大夫，封郑国公。魏徵是历史上著名的谏臣，同时又是一位历史学家，曾主编《群书治要》。

正文

臣闻求木之长者，必固其根本；欲流之远者，必浚其泉源[1]；思国之安者，必积其德义。源不深而望流之远，根不固而求木之长，德不厚而思国之安，臣虽下愚，知其不可，而况于明哲乎！人君当神器之重[2]，居域中之大[3]，不念居安思危，戒奢以俭，斯亦伐根以求木茂，塞源而欲流长也。

凡昔元首[4]，承天景命[5]，善始者实繁，克终者盖寡[6]。岂取之易、守之难乎？盖在殷忧必竭诚以待下，既得志则纵情以傲物。竭诚则胡越为一体，傲物则骨肉为行路。虽董之以严刑[7]，振之以威怒，终苟免而不怀仁，貌恭而不心服。怨不在大，可畏惟人[8]。载舟覆舟[9]，所宜深慎。

诚能见可欲则思知足以自戒，将有作则思知止以安人，念高危则思谦冲而自牧，惧满溢则思江海下百川，乐盘游则思三驱以为度[10]，忧懈怠则思慎始而敬终，虑壅蔽则思虚心以纳下，惧谗邪则思正身以黜恶，恩所加则思无因喜以谬赏，罚所及则思无以怒而滥刑。总此十思，弘兹九得，简能而任之，择善而从之，则智者尽其谋，勇者竭其力，仁者播其惠，信者效其忠。文武并用，垂拱而治。何必劳神苦思，代百司之职役哉！

注解

［1］浚（jùn）：深挖。

［2］神器：帝位。

［3］居域中之大：《老子》第二十五章说："道大，天大，地大，王亦大。域中有四大，而王居其一焉。"

［4］元首：指帝王。

［5］景命：古代认为君王是上天授予的，故亦称天子。

［6］克：能。

［7］董：监督。

［8］人："民"字，此避唐太宗李世民讳而改为"人"。

［9］载舟覆舟：用舟和水关系比喻君王和民众的关系，告诫君主要注意民心向背。语出《荀子·王制》："君者，舟也，庶人者，水也。水则载舟，水则覆舟。"

［10］盘游：游乐。三驱：一年打猎三次。驱，打猎时驱赶野兽，借指打猎。

译文

我听说，要想使树木生长得茂盛，必须稳固它的根部，因为根深方能叶茂；要想水流潺潺，经久不息，必须疏通它的源头，因为源远才能流长。同样的道理，如果想使国家安定，统治稳固，就必须积聚道德和仁义，缓和与百姓间的矛盾。反之，源流不深却要它流长，根不牢固却要树长得茂盛，德义不厚却想使国家安定，我虽然无知，也知其不可，更何况像您这样的明君呢！作为统治天下的国君，如果不居安思危、戒奢以俭，从长远利益出发，那就等于是刨了树根希望树木茂盛，堵了源泉还要流水畅通啊！

历代的帝王承天景命治理天下，善始者实多，而善终者却少。难道取之容易而守之艰难吗？原来是在打天下的时候，帝王对待臣民诚心诚意，一旦得志，便纵情傲物。如果彼此竭诚相待，虽远隔一方，心也会在一起；如果远离臣民，即使是骨肉之亲，也形同陌路。如果只是用严刑监督，用威势镇压百姓，就会使百姓外表恭顺而内心不服。（时间久了必然会激起民愤。）怨不在大小，可怕的是人民的力量。因为水能载舟，亦能覆舟，一定要慎重啊！

唐太宗李世民

因此，恳请国君接纳臣下的建议：遇其所好，理应“思知足以自戒”，要懂得知足；要修建什么，就要克制自己，以安定百姓生活为前提；想到高处不胜寒，就要谦虚并加强自己的修养；担心骄傲自满会招来损失，就应有江海容纳百川的度量；喜欢游乐，就要严格遵照国君一年打猎三次的规定；害怕自己懈怠，就应慎始慎终；忧虑自己受到蒙蔽，就要虚心纳谏；害怕谗言和邪恶，就要自身行得正；有所赏赐，不要因为个人的喜好乱加赏赐；施行刑罚，也不要因为自己一时怒气而滥用。总之，如果国君您能发扬光大这十点陈述的话，选拔能者任之，择其善者从之，那一定会使智者尽其谋，勇者竭其力，仁者播其惠，信者效其忠；文武并用，自然可以达到垂拱而治的效果了，哪里需要您劳神苦思，代管百官的职事呢？

《岳阳楼记》

范仲淹

导读

范仲淹生于中国封建社会之成熟的北宋。他一生四起四落，历经宦海风波，也悟透了一个为政、为官的道理，即“先天下之忧而忧，后天下之乐而乐”，这已经暗含了现代人所说的“舍己为公、无私奉献”。这个“忧”字包括：忧君（上级）、忧民、忧政。他犯颜直谏，“敢与天子争是非”，又体察民情，主持“庆历新政”改革，实践了自己的为政思想。“先天下之忧而忧，后天下之乐而乐”这句名言也几乎成了范之后所有进步政治家的信条。妙在他的这句话并不是端着架子说出，而是借为朋友写一篇新楼落成记时自然带出，情由景生，理由情出，卒章见志，妙若天成，是一篇政治与文学完美结合的美文。

本文典型地体现了散文“三境五诀”创作法，即综合运用“五诀”——形（描写）、事（叙述）、情（抒情）、理（说理）、典（用典）的手法（本文唯缺一个典字），逐步达到“三境”——形境、情境和理境三个层次的美，所以历来为各种选本和语文教材所选用。

关键词句

先天下之忧而忧，后天下之乐而乐；不以物喜，不以己悲。

名言成语

先忧后乐。

作者介绍

范仲淹（989—1052），字希文，苏州吴县（今江苏苏州）人。北宋著名的政治家、思想家、军事家和文学家。他为政清廉，体恤民情，刚直不阿，力主改革，屡遭奸佞诬谤，数度被贬。1052年（皇祐四年）5月病逝，终年63岁。范仲淹为北宋名臣，能词善文，有《范文正公集》传世。

正文

庆历四年春[1]，滕子京谪守巴陵郡[2]。越明年，政通人和，百废具兴。乃重修岳阳楼，增其旧制，刻唐贤、今人诗赋于其上，属予作文以记之[3]。

予观夫巴陵胜状，在洞庭一湖[4]。衔远山，吞长江，浩浩汤汤[5]，横无际涯；朝晖夕阴，气象万千。此则岳阳楼之大观也。前人之述备矣。然则北通巫峡[6]，南极潇湘[7]，迁客骚人[8]，多会于此，览物之情，得无异乎？

若夫霪雨霏霏[9]，连月不开，阴风怒号，浊浪排空，日星隐曜[10]，山岳潜形，商旅不行，樯倾楫摧；薄暮冥冥，虎啸猿啼。登斯楼也，则有去国怀乡[11]，忧谗畏讥，满目萧然，感极而悲者矣。

至若春和景明，波澜不惊，上下天光，一碧万顷，沙鸥翔集，锦鳞游泳[12]，岸芷汀兰[13]，郁郁青青。而或长烟一空，皓月千里，浮光耀金，静影沉璧，渔歌互答，此乐何极！登斯楼也，则有心旷神怡，宠辱皆忘，把酒临风，其喜洋洋者矣。

嗟夫！予尝求古仁人之心，或异二者之为。何哉？不以物喜，不以己悲。居庙堂之高，则忧其民[14]；处江湖之远，则忧其君[15]。是进亦忧，退亦忧。然则何时而乐耶？其必曰："先天下之忧而忧，后天下之乐而乐"欤！噫！微斯人[16]，吾谁与归！

时六年九月十五日。

注解

[1] 庆历：宋仁宗的年号。

[2] 滕子京：名宗谅，字子京，与范仲淹同年进士。巴陵郡：岳州，治所在今湖南岳阳。

[3] 属（zhǔ）：委托，嘱咐。

[4] 洞庭：洞庭湖，在今湖南岳阳西。

[5] 浩浩汤汤（shāng）：水势浩大的样子。

[6] 巫峡：在长江上游的四川巫山。

[7] 潇湘：湘水与潇水在湖南零陵汇合后也称潇湘。

[8] 迁客：被贬的官吏。骚人：诗人、文人，因《离骚》而得名。

[9] 霪（yín）雨霏霏：连绵的细雨。霪，久雨。霏霏，细雨。

[10] 曜（yào）：光辉。

[11] 国：国都。

[12] 锦鳞：代指鱼。因鱼鳞闪耀光彩。游泳：古代浮水为游，潜水为泳。

[13] 芷（zhǐ）：香草。汀（tīng）：水边的平地。

[14] 庙堂：宗庙和明堂，代指朝廷。

[15] 江湖：泛指五湖四海各地。唐以后往往指落魄流浪之处。

[16] 微：非，不是。

译文

庆历四年的春天，滕子京被贬为巴陵太守。到了第二年，政事顺利，百姓安居乐业，各种荒废了的事业都兴办起来了。于是重新修建岳阳楼，扩大它旧有的规模，把唐代名家和今人的诗赋刻在上面，（他）嘱托我写一篇文章来记述这件事。

我看那巴陵郡的优美景色，全在洞庭一湖。它连接着远方的山脉，吞吐着长江的水流；浩浩荡荡，宽广无边；早晴晚阴，气象万千。这是岳阳楼盛大壮观的景象。前人的记述（已经）很详尽了。然而北面通向巫峡，南面直到潇湘，被贬的政客和诗人，大多在这里聚会，看了自然景物而触发的感情，大概会有不同吧。

像那阴雨连绵，接连几个月不放晴，阴冷的风怒吼，浑浊的波浪冲向天空；太阳和星辰隐藏起了光辉，山岳也潜伏起了形体；商人和旅客不能前行，桅杆倒下、船桨断折；傍晚的天色暗了下来，虎在咆哮，猿在悲啼。（这时）登上这座楼啊，就会产生被贬离京、怀念家乡、担心诽谤、害怕讥讽的情怀，（会觉得）

满眼萧条景象，感慨到了极点而悲伤。

岳阳楼

到了春风和煦、阳光明媚的时候，湖面平静，没有惊涛骇浪，上下天色湖光相接，一片碧绿广阔无垠；沙洲上的白鸥时而飞翔时而停歇，美丽的鱼儿游来游去；岸边和小洲上的小草颜色青翠，兰花香气浓郁。有时大片的烟雾完全消散，皎洁的月光一泻千里，浮动的光闪着金色，静静的月影像沉下的玉璧，渔夫的歌声一唱一和，这种乐趣哪有穷尽呢！在这时登上岳阳楼，就心怀开阔，精神愉快；荣耀和屈辱一并忘掉，端着酒杯对着风，那心情真是好极了。

唉！我曾经探求古代品德高尚的人的思想感情，或许不同于以上两种心情。是什么原因呢？不因为外物的好坏和自己的得失而或喜或悲，在朝廷里做高官就为百姓担忧，不在朝廷上做官就为君主担忧。这样看来，是在朝廷做官也担忧，不在朝廷做官也担忧。既然这样，那么什么时候才快乐呢？那一定要说“在天下人忧愁之前先忧愁，在天下人快乐之后才快乐”吧。唉！如果没有这种人，我同谁一道呢？

写于庆历六年九月十五日。

《正气歌序》

文天祥

导读

中华民族是一个多难的民族，历史上曾有无数次的外族入侵，直到进入现代后还有日本侵略。虽然古代史上的无数次战争已经演变为民族大融合，但是当时的正义与非正义、侵略与反侵略、压迫与反抗、对与错还是泾渭分明的，而且至今不变。这是历史唯物主义。在这样的背景下，无私无畏的民族气节和舍生取义的人格操守也就成为一种普世价值。因此，胜利的征服者对失败的抵抗者也常常要脱帽致敬，修墓立碑。

在中国古代所有彰显民族气节的作品中，文天祥的诗文最有代表性。他从 1276 年出使元被拘，中间逃脱，后兵败被捕，到 1283 年就义。生命的最后 6 年都处在战乱流离之中，处在与敌人、与叛徒的不屈斗争之中。正是这生命的最后一搏，他为我们留下了一首不朽的《正气歌》。这是对中华民族所以能独立于世的浩然正气的总结，也成了后世的民族精神的支柱。这种气节观鼓舞了历代英雄，成了中国人的做人标准。叶挺将军在狱中所写的《囚语》中说他幼年就爱读《出师表》《正气歌》，曾感动到流涕。在抗日战争中，民族气节更成了凝聚全民抗战的旗帜。这里所选的是《正气歌序》，即诗前的序言部分，可以参照《正气歌》

一起来读。

关键词句

浩然者，乃天地之正气也。

名言成语

天地正气。

作者介绍

文天祥（1236—1283），字履善，又字宋瑞，号文山，吉州庐陵（今属江西）人，南宋抗元将领。德祐元年（1275年），元兵东下，文天祥于家乡起兵抗元，转战于赣、闽等地，后兵败被俘，元世祖以高官厚禄劝降，文天祥宁死不屈，从容赴义，就义于大都（今北京）。文天祥的诗歌多为表现爱国精神之作。存词不多，但笔触有力，感情强烈，表现了威武不屈的英勇气概，震撼人心。著有《文山先生全集》。

正文

予囚北庭[1]，坐一土室，室广八尺，深可四寻[2]，单扉低小[3]，白间短窄[4]，污下而幽暗。当此夏日，诸气萃然：雨潦四集，浮动床几，时则为水气；涂泥半朝[5]，蒸沤历澜，时则为土气；乍晴暴热，风道四塞，时则为日气；檐阴薪爨[6]，助长炎虐，时则为火气；仓腐寄顿，陈陈逼人[7]，时则为米气；骈肩杂遝[8]，腥臊污垢，时则为人气；或圊溷[9]，或浮尸，或腐鼠，恶气杂出，时则为秽气。叠是数气、当侵沴，鲜不为厉[10]。而予以孱弱，俯仰其间[11]，于兹二年矣，无恙，是殆有养致然。然尔亦安知所养何哉？孟子曰："我善养吾浩然之气。"彼气有七，吾气有一，以一敌七，吾何患焉？况浩然者，乃天地之正气也。作《正气歌》一首。

注解

[1] 北庭：指元大都（今北京）。

[2] 寻：古时八尺为一寻。

[3] 单扉：单扇门。

[4] 白间：窗户。

[5] 涂泥半朝：朝作潮，意思是狱房墙上涂的泥有一半是潮湿的。

[6] 薪爨：烧柴做饭。

[7] 陈陈逼人：陈旧的粮食年年相加，霉烂的气味使人难以忍受。

[8] 骈肩杂遝：肩挨肩，拥挤杂乱的样子。

[9] 圊溷：厕所。

[10] 鲜不为厉：很少有不生病的。厉：病。

[11] 俯仰其间：生活在那里。

译文

我被拘禁在敌人的京城，关在一间土牢里，这土牢仅宽八尺，长三十多尺，有一个单扇的门，又低又小，窗子又低又窄，地势低、潮湿，光线昏暗。在这炎热的夏天，各种气味混在一起：四面的雨水流汇在这里，床和茶几都浮动起来，这是水气；半屋泥泞，散发出臭气，一片糜烂，这是土气；天气忽晴突然转热，房子闭塞，四面不通风，这是日气；在屋檐下用柴烧饭，更加重了太阳的炎威，这是火气；寄囤在仓内的米腐烂了，一阵阵的臭味逼人，这是米气；囚犯肩挨肩地挤着，发出腥味、汗臭，这是人气；厕所、死尸、烂鼠，各种恶气时时散发，这是秽气。这几种气味叠加在一起，闻到的人很少有不生病的。可是我以衰弱的身体，整日生活在这中间，到现在已两年了，侥幸没有生病，这大概是深有修养所造成的。但又怎能知道所修养的是什么呢？就是孟子所说的："我善于培养我浩然的正气。"土牢里的恶气有七种，我的浩然正气只有一种，拿我这一种正气抵抗那七种气，我还怕什么呢！更何况，浩然之气是天地间的正气啊！于是（我）做了一首《正气歌》。

附　正气歌

天地有正气，杂然赋流形；下则为河岳，上则为日星；
于人曰"浩然"，沛乎塞苍冥。皇路当清夷，含和吐明庭。
时穷节乃见，一一垂丹青；在齐太史简，在晋董狐笔；
在秦张良椎，在汉苏武节；为严将军头，为嵇侍中血；
为张睢阳齿，为颜常山舌；或为辽东帽，清操厉冰雪；
或为《出师表》，鬼神泣壮烈；或为渡江楫，慷慨吞胡羯；
或为击贼笏，逆竖头破裂。是气所磅礴，凛烈万古存。
当其贯日月，生死安足论！地维赖以立，天柱赖以尊。

三纲实系命，道义为之根。嗟予遘阳九，隶也实不力。
楚囚缨其冠，传车送穷北。鼎镬甘如饴，求之不可得。
阴房阒鬼火，春院閟天黑。牛骥同一皁，鸡栖凤凰食。
一朝蒙雾露，分作沟中瘠。如此再寒暑，百沴自辟易。
哀哉沮洳场，为我安乐国。岂有他缪巧，阴阳不能贼。
顾此耿耿在，仰视浮云白。悠悠我心悲，苍天曷有极？
哲人日已远，典型在夙昔。风檐展书读，古道照颜色。

译文

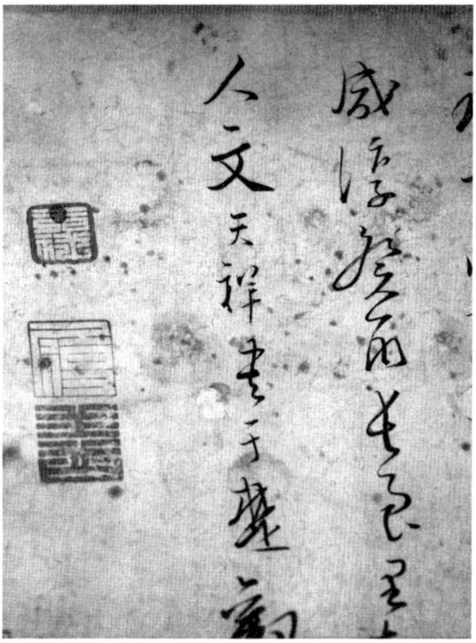

文天祥手稿

天地间存在着刚正之气，构成复杂的变化形式；在下的是黄河和五岳，在上的是太阳和星体；在人就名之为“浩然”，浩荡无边充塞苍天大地。在天下清静太平的时候，蕴蓄祥和表现为清明政治；国运艰危才见出操守气节，一个接一个地永垂青史。在齐国有太史的简册，在晋国有董狐的直笔；在秦代有张良的铁椎，在汉朝有苏武的符节；是将军严颜不屈的头颅，是侍中嵇绍喷洒的鲜血；是睢阳城张巡咬碎的牙齿，是常山颜杲卿被钩断的舌；或者是辽东管宁头上的皂帽，清高的节操严肃得像冰清雪洁；或者是诸葛亮草拟的《出师表》，壮怀激烈令鬼神都感动哭泣；或者是祖逖江心誓师的船桨，激昂慷慨誓把胡羯一举吞灭；或者是段秀实击贼的笏版，打得叛逆的坏蛋头额破裂。这种刚正之气浩荡无边，可敬可畏流传千秋万年。当它和日月相通相贯，生生死死哪里值得多谈！维地的大绳靠它来立身，擎天的巨柱靠它来支撑。三纲靠它维系而长存，道义是它产生的根本。可惜我命运不佳国难当头，身为卿相无力把危局挽救。急迫忙乱之际做了阶下囚，押上驿车向极北之地走。视鼎镬之刑如饴糖般甘甜，再三求死却不能如我所愿。阴湿寂静的牢房里鬼火闪闪，春天紧闭的院子里无边黑暗。笨牛和千里马同厩栖息，凤凰在鸡窝里与鸡共食。哪一天受到雾露的侵害，注定会成为沟壑之瘠。就这样过了两个年头，一切恶气却自己远远逃去。可悲可哀的低下潮湿之场，成了我安然享乐的地方。岂会有其他什么诡略机巧、严寒酷暑能将我损伤？顾视自己胸中的耿耿正气，再仰望蓝天白云。忧心忡忡无限悲伤，苍天啊，何处是你的尽头？贤能的哲人已经日渐遥远，留下了昔日的光辉榜样。在风雨飘飘的屋檐下潜心读史，古人的节操闪耀着光芒。

《少年中国说》

梁启超

导读

这篇文章写于 1900 年，即戊戌变法失败后两年，辛亥革命前十一年。当时中国正处于封建长夜之黎明前的黑暗。这个时期的政治代表人物是康有为、梁启超等改革派。改革失败后，梁流亡海外，目睹诸强侵略，清廷腐败，国家处危机存亡之秋，愤而为文。文章反对保守，提倡革新，提出抛弃老朽的中国，创造一个少年中国，振兴我中华。文章对肩负国家命运的少年一代提出热切的期望，要他们勇敢地去改造旧中国，创造一个繁荣富强的新中国。

本文常被各种课本、选本节选使用。这里是全本，是本书所荐十篇政治美文中最长的一篇。梁启超是介乎古文和白话文之间的文章大家。其文风感情充沛，酣畅淋漓，妙在有独到的思想、大胆的立论，却又能以极美的语言畅快地表达，堪称近代政治美文的典范。本文形、事、情、理、典，五诀齐用；比喻、对仗、排比、递进，轮番上阵。读其文如观沧海，直觉作者胸中激情如潮，文思如海，奔腾而来。本文几乎通篇都是美言美句。

关键词句

惟保守也，故永旧；惟进取也，故日新。

名言成语

吾心目中有一少年中国在；与天不老；与国无疆。

作者介绍

梁启超（1873—1929），字卓如，号任公，又号饮冰室主人，中国近代著名的思想家、教育家、史学家和文学家。戊戌变法领袖之一。他学识渊博，著述涉及哲学、文学、史学、经学、法学、伦理学、宗教学等，以史学研究成绩最为显著，有多部作品留传于后世。

正文[1]

日本人之称我中国也，一则曰老大帝国，再则曰老大帝国。是语也，盖袭译欧西人之言也[2]。呜呼！我中国其果老大矣乎？梁启超曰：恶[3]，是何言！是何言！吾心目中有一少年中国在。

欲言国之老少，请先言人之老少。老年人常思既往，少年人常思将来。惟思既往也，故生留恋心；惟思将来也，故生希望心。惟留恋也，故保守；惟希望也，故进取。惟保守也，故永旧；惟进取也，故日新。惟思既往也，事事皆其所已经者，故惟知照例；惟思将来也，事事皆其所未经者，故常敢破格。老年人常多忧虑，少年人常好行乐。惟多忧也，故灰心；惟行乐也，故盛气。惟灰心也，故怯懦；惟盛气也，故豪壮。惟怯懦也，故苟且；惟豪壮也，故冒险。惟苟且也，故能灭世界；惟冒险也，故能造世界。老年人常厌事，少年人常喜事。惟厌事也，故常觉一切事无可为者；惟好事也，故常觉一切事无不可为者。老年人如夕照，少年人如朝阳。老年人如瘠牛，少年人如乳虎。老年人如僧，少年人如侠。老年人如字典，少年人如戏文。老年人如鸦片烟，少年人如泼兰地酒。老年人如别行星之陨石，少年人如大洋海之珊瑚岛。老年人如埃及沙漠之金字塔[4]，少年人如西伯利亚之铁路。老年人如秋后之柳，少年人如春前之草。老年人如死海之潴为泽[5]，少年人如长江之初发源。此老年与少年性格不同之大略也。梁启超曰：人固有之，国亦宜然。

梁启超曰：伤哉，老大也！浔阳江头琵琶妇，当明月绕船，枫叶瑟瑟，衾寒于铁，似梦非梦之时，追想洛阳尘中春花秋月之佳趣[6]。西宫南内，白发宫娥，一灯如穗，三五对坐，谈开元天宝间遗事，谱《霓裳羽衣曲》[7]。青门种瓜人，左对孺人，顾弄孺子，忆侯门似海、珠履杂遝之盛事[8]。拿破仑之流于厄蔑[9]，阿剌飞之幽于锡兰[10]，与三两监守吏，或过访之好事者，道当年短刀匹马，驰骋中原，席卷欧洲，血战海楼，一声叱咤，万国震恐之丰功伟烈[11]，初而拍案，继而抚髀[12]，终而揽镜：呜呼，面皴齿尽，白发盈把，颓然老矣！若是者，舍幽郁之外无心事[13]，舍悲惨之外无天地，舍颓唐之外无日月，舍叹息之外无音声，舍待死之外无事业。美人豪杰且然，而况于寻常碌碌者耶？生平亲友，皆在墟墓；起居饮食，待命于人。今日且过，遑知他日；今年且过，遑恤明年。普天下灰心短气之事，未有甚于老大者。于此人也，而欲望以拏云之手段[14]，回天之事功[15]，挟山超海之意气[16]，能乎不能？

呜呼，我中国其果老大矣乎？立乎今日以指畴昔，唐虞三代[17]，若何之郅治[18]；秦皇汉武，若何之雄杰；汉唐来之文学，若何之隆盛；康乾间之武功，若何之烜赫。历史家所铺叙，词章家所讴歌，何一非我国民少年时代、良辰美景赏心乐事之陈迹哉！而今颓然老矣！昨日割五城，明日割十城，处处雀鼠尽，夜夜鸡犬惊。十八省之土地财产[19]，已为人怀中之肉；四百兆之父兄子弟[20]，已为人注籍之奴[21]。岂所谓“老大嫁作商人妇”者耶[22]？呜呼，凭君莫话当年事，憔悴韶光不忍看！楚囚相对[23]，岌岌顾影；人命危浅，朝不虑夕。国为待死之国，一国之民为待死之民。万事付之奈何，一切凭人作弄，亦何足怪！

梁启超曰：我中国其果老大矣乎？是今日全地球之一大问题也。如其老大也，则是中国为过去之国，即地球上昔本有此国，而今渐渐灭[24]，他日之命运殆将尽也。如其非老大也，则是中国为未来之国，即地球上昔未现此国，而今渐发达，他日之前程且方长也。欲断今日之中国为老大耶？为少年耶？则不可不先明国字之意义。夫国也者，何物也？有土地，有人民，以居于其土地之人民，而治其所居之土地之事，自制法律而自守之，有主权，有服从，人人皆主权者，人人皆服从者。夫如是斯谓之完全成立之国。地球上之有完全成立之国也，自百年以来也。完全成立者，壮年之事也；未能完全成立而渐进于完全成立者，少年之事也。故吾得一言以断之曰：欧洲列邦在今日为壮年国，而我中国在今日为少年国。

夫古昔之中国者，虽有国之名，而未成国之形也。或为家族之国，或为酋长之国，或为诸侯封建之国，或为一王专制之国。虽种类不一，要之其于国家之体质也，有其一部而缺其一部。正如婴儿自胚胎以迄成童，其身体之一二官支[25]，先行长成，此外则全体虽粗具，然未能得其用也。故唐虞以前为胚胎时代，殷周之际为乳哺时代，由孔子而来至于今为童子时代，逐渐发达，而今乃始将入成童以上少年之界焉。其长成所以若是之迟者，则历代之民贼有窒其生机者也。譬犹童年多病，转类老态。或且疑其死期之将至焉，而不知皆由未完全未成立也；非过去之谓，而未来之谓也。

且我中国畴昔，岂尝有国家哉，不过有朝廷耳。我黄帝子孙，聚族而居，立于此地球之上者既数千年，而问其国之为何名，则无有也。夫所谓唐、虞、夏、商、周、秦、汉、魏、晋、宋、齐、梁、陈、隋、唐、宋、元、明、清者，则皆朝名耳。朝也者，一家之私产也；国也者，人民之公产也。朝有朝之老少，国有国之老少。朝与国既异物，则不能以朝之老少而指为国之老少明矣。文、武、成、康[26]，周朝之少年时代也；幽、厉、桓、赧[27]，则其老年时代也。高、文、景、武[28]，汉朝之少年时代也；元、平、桓、灵[29]，则其老年时代也。自馀历朝，莫不有之。凡此者谓为一朝廷之老也则可，谓为一国之老也则不可。一朝廷之老且死，犹一人之老且死也，于吾所谓中国者何与焉？然则，吾中国者，前此尚未出现于世界，而今乃始萌芽云尔。天地大矣，前途辽矣，美哉我少年中国乎！

玛志尼者[30]，意大利三杰之魁也。以国事被罪，逃窜异邦。乃创立一会，名曰“少年意大利”，举国志士，云涌雾集以应之。卒乃光复旧物，使意大利为欧洲之一雄邦。夫意大利者，欧洲第一之老大国也。自罗马亡后[31]，土地隶于教皇，政权归于奥国，殆所谓老而濒于死者矣。而得一玛志尼，且能举全国而少年之，况我中国之实为少年时代者耶？堂堂四百馀州之国土，凛凛四百馀兆之国民，岂遂无一玛志尼其人者！

龚自珍氏之集有诗一章，题曰《能令公少年行》[32]。吾尝爱读之，而有味乎其用意之所存。我国民而自谓其国之老大也，斯果老大矣；我国民而自知其国之少年也，斯乃少年矣。西谚有之曰：“有三岁之翁，有百岁之童。”然则，国之老少，又无定形，而实随国民之心力以为消长者也。吾见乎玛志尼之能令国少年也，吾又见乎我国之官吏士民能令国老大也。吾为此惧。夫以如此壮丽浓郁翩翩绝世之少年中国，而使欧西日本人谓我为老大者，何也？则以握国权者皆老朽之人也。非哦几十年八股，非写几十年白折[33]，非当几十年差，非捱几十年俸，非递几十年手本[34]，非唱几十年诺[35]，非磕几十年头，非请几十年安，则必不能得一官，进一职。其内任卿贰以上[36]，外任监司以上者[37]，百人之中，其五官不备者[38]，殆九十六七人也。非眼盲，则耳聋；非手颤，则足跛；否则半身不遂也。彼其一身饮食步履视听言语，尚且不能自了，须三四人在左右扶之捉之，乃能度日，于此而乃欲责之以国事，是何异立无数木偶而使之治天下也！且彼辈者，自其少壮之时，既已不知亚细、欧罗为何处地方，汉祖、唐宗是那朝皇帝，犹嫌其顽钝腐败之未臻其极，又必搓磨之[39]，陶冶之，待其脑髓已涸，血管已塞，气息奄奄，与鬼为邻之时，然后将我二万里山河，四万万人命，一举而畀于其手。呜呼！老大帝国，诚哉其老大也！而彼辈者，积其数十年之八股、白折、当差、捱俸、手本、唱诺、磕头、请安，千辛万苦，千苦万辛，乃始得此红顶花翎之服色[40]，中堂大人之名号[41]，乃出其全副精神，竭其毕生力量，以保持之。如彼乞儿拾金一锭，虽轰雷盘旋其顶上，而两手犹紧抱其荷包，他事非所顾也，非所知也，非所闻也。于此而告之以亡国也，瓜分也，彼乌从而听之[42]，乌从而信之！即使果亡矣，果分矣，而吾今年既七十矣八十矣，但求其一两年内，洋人不来，强盗不起，我已快活了一世矣；若不得已，则割三头两省之土地[43]，奉申贺敬，以换我几个衙门，卖三几百万之人民作仆为奴，以赎我一条老命，有何不可，有何难办！呜呼！今之所谓老后老臣老将老吏者，其修身齐家治国平天下之手段，皆具于是矣。西风一夜催人老，凋尽朱颜白尽头。使走无常当医生[44]，携催命符以祝寿，嗟乎痛哉！以此为国，是安得不老且死，且吾恐其未及岁而殇也。

梁启超曰：造成今日之老大中国者，则中国老朽之冤业也；制出将来之少年中国者，则中国少年之责任也。彼老朽者何足道？彼与此世界作别之日不远矣，而我少年乃新来而与世界为缘。如僦屋者然[45]，彼明日将迁居他方，而我今日始入此室处。将迁居者，不爱护其窗栊，不洁治其庭庑[46]，俗人恒情，亦何足怪。若我少年者，前程浩浩，后顾茫茫，中国而为牛为马为奴为隶，则烹脔鞭箠之惨酷[47]，惟我少年当之；中国如称霸宇内，主盟地球，则指挥顾盼之尊荣，惟我少年享之，于彼气息奄奄与鬼为邻者何与焉！彼而漠然置之，犹可言也；我而漠然置之，不可言也。使举国之少年而果为少年也，则吾中国为未来之国，其进步未可量也；使举国之少年而亦为老大也，则吾中国为过去之国，其澌亡可翘足而待也。故今日之责任，不在他人，而全在我少年。少年智则国智，少年富则国富，少年强则国强，少年独立则国独立，少年自由则国自由，少年进步则国进步，少年胜于欧洲则国胜于欧洲，少年雄于地球则国雄于地球。红日初升，其道大光[48]；河出伏流[49]，一泻汪洋；潜龙腾渊，鳞爪飞扬；乳虎啸谷，百兽震惶；鹰隼试翼[50]，风尘吸张；奇花初胎，矞矞皇皇[51]；干将发硎[52]，有作其芒[53]；天戴其苍，地履其黄[54]；纵有千古，横有八荒[55]，前途似海，来日方长。美哉我少年中国，与天不老；壮哉我中国少年，与国无疆！

“三十功名尘与土，八千里路云和月。莫等闲，白了少年头，空悲切。”此岳武穆《满江红》词句也[56]。作者自六岁时即口受记忆，至今喜诵之不衰。自今以往，弃“哀时客”之名，更自名曰：“少年中国之少年。”作者附识。

注解

[1] 本文作于光绪二十六年（1900年），文章从驳斥日本和西方列强污蔑我国为“老大帝国”入手，说明中国是一个正在成长的少年中国。本文所说的“国”，是理想的资产阶级共和国。文章认为封建专制制度和封建官吏已经腐朽，希望寄托在中国少年身上，并且坚信中国少年必有志士，能使国家富强，雄立于地球；反映了作者渴望祖国繁荣昌盛的爱国思想和积极乐观的民族自信心。文章紧扣主题，运用排比句法，层层推进，逐次阐发，写得极有感情，极有气势。

[2] 欧西：指欧美西方世界。

[3] 恶（wū）：叹词，犹“唉”，含有否定的意思。

[4] 金字塔：古代埃及王墓，以石筑成，底面为四方形，侧面作三角形之方尖塔，望之状如“金”字，故译名“金字塔”。金字塔与下句“西伯利亚铁路”对举，取其古雅而无实用意。

[5] 死海：湖名，一名咸海。因水中含盐量高，鱼类不生，故名。在约旦、以色列和巴勒斯坦间。潴（zhū），聚积的水流。

[6]“浔阳”六句：用白居易《琵琶行》诗所写的故事。琵琶妇原是长安歌女（此处误为洛阳歌女），老大嫁作商人妇。

商人离她经商而去。在浔阳江头的夜晚，枫叶瑟瑟，她回想往事，有不胜零落之感。浔阳江，在今九江市北，长江流经九江市的一段。

[7]“西宫”六句：就白居易《长恨歌》所咏唐玄宗与杨贵妃事，用元稹《行宫》“白头宫女在，闲坐说玄宗”诗意，谓安史之乱后，白头宫人忆及当年事，倍感凄凉。西宫，唐太极宫；南内，唐兴庆宫。李隆基自四川返京后，先居兴庆宫，后迁西宫。《霓裳羽衣曲》，本名《婆罗门》，源出印度，开元中传入中国。传说李隆基梦游月宫，听诸仙奏曲，默记其调，醒后令乐工谱成。

[8]“青门”四句：用汉初邵平故事。邵平在秦末为东陵侯。秦亡后，在长安东门外种瓜为生。此句意为邵平回想当年的繁华，颇为感伤。青门，汉长安东门。孺人，古代大夫之妻称孺人，明、清两代七品官的妻子封孺人。珠履，用珠子装饰的鞋。杂遝（tà），杂乱。

[9]拿破仑：拿破仑一世。法国资产阶级政治家、军事家。他于1804年成为法国皇帝，曾称霸欧洲。1814年各国联军攻破巴黎，拿破仑被流放厄尔巴岛。厄蔑：厄尔巴岛，在意大利半岛和法国科西嘉岛之间。

[10]阿剌飞：指埃及民族解放运动领袖阿拉比，曾率众推翻英、法殖民统治。1882年，英国侵略军进攻埃及，阿拉比领导军队抗击，战败后被流放锡兰（今称斯里兰卡）。

[11]丰功伟烈：丰功伟绩。烈，功绩。贾谊《过秦论》：“及至始皇，奋六世之馀烈，振长策而御宇内。”

[12]抚髀（bì）：《三国志·蜀志·先主传》裴注引《九州春秋》：“备住荆州数年，尝于（刘）表坐起至厕，见髀里

肉生，慨然流涕。还坐，表怪问备，备曰：‘吾常身不离鞍，髀肉皆消；今不复骑，髀里肉生。日月若驰，老将至矣，而功业不建，是以悲耳！’”髀，大腿。

[13] 幽郁：深沉的忧郁。

[14] 拏云：上干云霄之意。李贺《致酒行》诗：“少年心事当拏云。”

[15] 回天：使天地倒转，喻改变局势。

[16] 挟山超海：喻英雄壮举。《孟子·梁惠王上》：“挟泰山以超北海。”

[17] 唐虞三代：指唐尧、虞舜和夏商周三代。

[18] 郅（zhì）治：至治，把国家治理得太平强盛。郅，极，至。

[19] 十八省：清初全国共分十八个省。光绪末年增至二十三省，但人们习惯上仍称十八省。

[20] 四百兆：四亿，当时中国有四亿人口。

[21] 注籍之奴：注入户籍的奴隶。这里指失去自由的人。

[22] 老大嫁作商人妇：白居易《琵琶行》中的诗句。

[23] 楚囚相对：喻遇到强敌，窘迫无计。《晋书·王导传》载，晋元帝时，国家动乱，中州人士纷纷避乱江左。“过江人士，每至暇日，相要出新亭饮宴。周顗中坐而叹曰：‘风景不殊，举目有江河之异。’皆相视流涕。惟（王）导愀然变色曰：‘当共戮力王室，克复神州，何至作楚囚相对泣邪？’”

[24] 澌灭：消亡，消失。

[25] 官支：五官、四肢。

[26] 文、武、成、康：周朝初年的几代帝王。周文王奠定了

灭商的基础；周武王灭商建立周朝；成王、康王把国家治理得非常强盛，史称“成康之治”。所以下句将其比作周朝的少年时代。

[27] 幽、厉、桓、赧（nǎn）：指周幽王、厉王、桓王、赧王。幽王宠褒姒，废申后，申侯联合犬戎攻周，幽王被杀，西周灭亡。周厉王暴虐，被流放于彘（今山西霍州市）。周桓王时，东周王室衰落。周赧王死后不久，东周灭亡。

[28] 高、文、景、武：指汉初四代皇帝。汉高祖灭秦、楚，建立汉王朝。文帝、景帝发展生产，国家强盛，史称“文景之治”。武帝重武功，国力强盛。

[29] 元、平、桓、灵：汉元帝、平帝、桓帝、灵帝。汉元帝时，西汉开始衰落；汉平帝死后不久，王莽篡国，西汉灭亡。桓帝、灵帝是东汉末年的两代帝王，其执政期间外戚、宦官专权，政治黑暗，为东汉灭亡种下了祸根。

[30] 玛志尼（1805—1872）：现译为“马志尼”，意大利爱国者。罗马帝国灭亡后，意大利受奥地利帝国奴役，马志尼创立“少年意大利党”，创办《少年意大利报》，发动和组织资产阶级革命，完成意大利的独立统一事业。他与同时的加里波第、加富尔并称“意大利三杰”。下文“旧物”，指国家原有的基业。

[31] 罗马亡后：罗马帝国曾跨欧亚两洲，后分裂为二。西罗马帝国亡于 476 年，东罗马帝国亡于 1453 年。下文“土地隶于教皇，政权归于奥国”，是指 1815 年后，意大利分为几个邦国，其中势力甚大的罗马教皇国，都受奥地利的控制。

[32]《能令公少年行》：龚自珍抒怀之诗，收入《龚定庵全集》，原意是说一个人不追求名利，放宽胸怀，就能长葆青春。这里取其长葆青春意。

[33] 白折：清代科举应试的试卷之一。殿试取中进士后，还要进行朝考，以分别授予官职。朝考用白折，即用工整的楷书写在白纸制的折子上。

[34] 手本：明清官场中下级晋见上级时用的名帖。

[35] 唱诺（rě）：诺，当作“喏”。对人打躬作揖，口中出声，叫唱喏，是古代的一种礼节。下文“请安”，系清代问候的礼节，男子打千，即右膝微跪，隆重时，双膝跪地，呼“请某某安”。

[36] 卿贰：卿是朝廷各部的长官，贰指副职。

[37] 监司：清代通称各省布政使、按察使及各道道员为监司。

[38] 五官不备：指五官功能不全。

[39] 搓磨：磋磨，切磋琢磨。原是精益求精意，这里指磨去棱角、锋芒。

[40] 红顶花翎：大官的帽饰。清代官员帽顶上顶珠的颜色、质料，标志着官阶的品级，一品官用红宝石顶珠。花翎，用孔雀翎做的帽饰，以翎眼多者为贵，五品以上用花翎，六品以下用蓝翎。

[41] 中堂：明清时对大学士的称呼。明代大学士实际掌握宰相的权力，在内阁办公，中书居东、西两房，大学士居中，故称“中堂”。清代包括协办大学士均用此称。

[42] 乌：何，哪里。

[43] 三头两省：闽粤方言，三两个省。

［44］走无常：迷信说法，阴司用活人为鬼役，摄取后死者的魂。充当这种鬼差者，称走无常。

［45］僦（jiù）屋：租赁房屋。

［46］庭庑（wǔ）：庭院走廊。

［47］脔（luán）：切成小块的肉，这里用作动词，宰割之意。箠：棍杖。这里用作动词，捶打之意。

［48］其道大光：语出《周易·益》："自上下下，其道大光。"光，广大，发扬。

［49］伏流：水流地下。《水经注·河水》："河出昆仑，伏流地中万三千里。"

［50］鹰隼（sǔn）：指鹰类猛禽。

［51］矞（yù）矞皇皇：形容艳丽。《太玄经·交》："物登明堂，矞矞皇皇。"司马光集注引陆绩曰："矞皇，休美貌。"

［52］干将：古剑名，后泛指宝剑。发硎（xíng）：刀刃新磨。硎，磨刀石。

［53］有作其芒：发出光芒。

［54］"天戴"二句：是说少年中国如苍天之大，如地之广阔。

［55］八荒：八方荒远之地。《说苑·辨物》："八荒之内有四海，四海之内有九州。"

［56］岳武穆：岳飞，死后谥武穆。

译文

日本人称呼我们中国，一称作"老大帝国"，再称还是"老大帝国"。这个称呼，大概是承袭、照译了欧洲人的话。实在是可

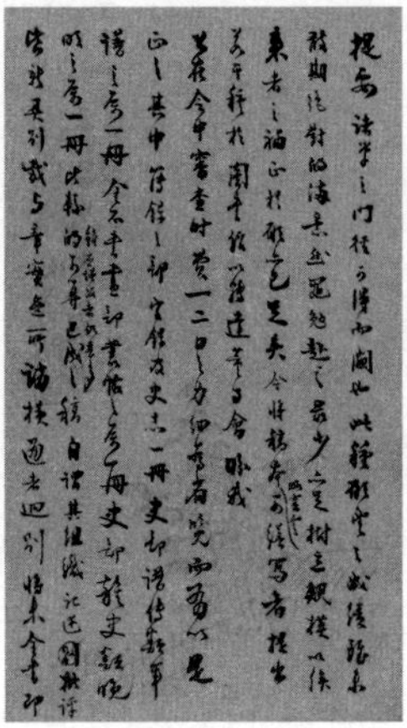

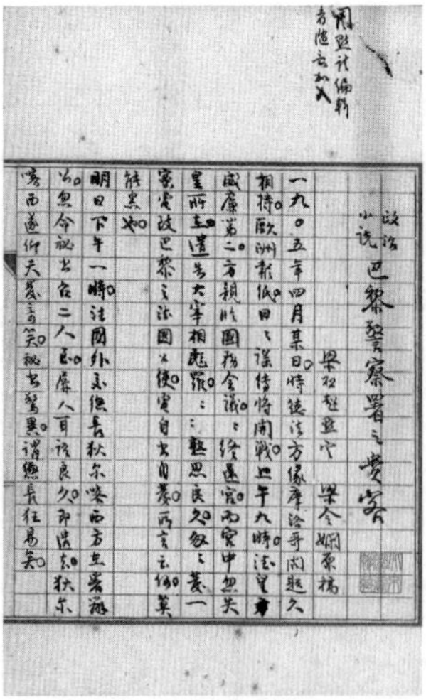

梁启超著作手稿

叹啊！我们中国果真是“老大帝国”吗？在我看来，不是这样！这是什么话！这算什么话！在我心中存在着一个少年中国。

要想说国家的老与少，我先来说一说人的老与少。老年人常常喜欢回忆过去，少年人则常常喜欢考虑将来。由于回忆过去，所以产生留恋之心；由于考虑将来，所以产生希望之心。由于留恋，所以保守；由于希望，所以进取。由于保守，所以永远陈旧；由于进取，所以日日更新。由于回忆过去，所有的事情都是他已经经历的，所以只知道照惯例办事；由于思考未来，各种事情都是他未经历的，因此常常敢于破格。老年人常常多忧虑，少年人常常喜欢行乐。因为多忧愁，所以容易灰心；因为要行乐，所以产生旺盛的生气。因为灰心，所以怯懦；因为气盛，所以豪壮。因为怯懦，所以只能苟且；因为豪壮，所以敢于冒险。因为苟且因循，所以必定使社会走向死亡；因为敢于冒险，所以能够创造世界。老年人常常厌事，少年人常常好事。因为厌于事，所以常常觉得天下一切事情都无可作为；因为好事，所以常常觉得天下一切事情都无不可为。老年人如夕阳残照，少年人如朝旭初阳。老年人如瘦弱的老牛，少年人如初生的虎犊。老年人如坐僧，少年人如飞侠。老年人如释义的字典，少年人如活泼的戏文。老年人如抽了鸦片烟，少年人如喝了白兰地烈酒。老年人如告别行星向黑暗坠落的陨石，少年人如海洋中不断增生的珊瑚岛。老年人如埃及沙漠中矗立的金字塔，少年人如西伯利亚不断延伸的大铁路。老年人如秋后的柳树，少年人如春前的青草。老年人如死海已聚水成大泽，少年人如长江涓涓初发源。这些是老年人与少年人性格不同的大致情况。我认为，人固然有这种不同，国家也应当如此。

我想说的是：令人悲伤的“老大帝国”啊！浔阳江头琵琶女，正当明月萦绕着空船，枫叶在秋风中瑟瑟作响，衾被冷得像铁，在似梦非梦的朦胧之时，回想当年在长安繁华的红尘中对春花赏秋月的美好意趣。清冷的长安太极、兴庆宫内，满头白发的宫娥，在结花如穗的灯下，三三两两相对而坐，谈论开元、天宝年间的往事，谱当年盛行宫内的《霓裳羽衣曲》。在长安东门外种瓜的邵平，对着身边的妻子，戏逗自己的孩子，回忆禁卫森严的侯门之内歌舞杂沓、明珠撒地的盛况。拿破仑被流放到厄尔巴岛，阿拉比被幽禁在斯里兰卡，与三两个看守的狱吏，或者前来拜访的好事的人，谈当年佩着短刀独自骑马驰骋中原，席卷欧洲大地，浴血奋战在海港，一声怒喝，令万国震惊恐惧的丰功伟业，起初高兴得拍桌子，继而拍大腿感叹，最后持镜自照。真可叹啊，满脸皱纹、牙齿落尽，白发正堪一把，已颓然衰老了！像这些人，除了忧郁以外没有别的思绪，除了悲惨以外没有其他天地，除了萎靡不振以外没有其他精神寄托，除了叹息以外没有别的声息，除了等死以外没有其他选择。美人和英雄豪杰尚且如此，何况平平常常、碌碌无为之辈呢？平生的亲戚朋友，都已入坟墓；日常起居饮食，依赖于别人。今日得过且过，哪知他日如何？今年得过且过，哪里有闲暇去考虑明年？普天之下令人灰心丧气的事，没有更甚于老年的了。对于这样的人，而要希望他具有上天揽云的手段、扭转乾坤的本领、挟山跨海的意志气概，可能吗？

真是可悲啊，我们中国果真已经是“老大帝国”了吗？站在今天纵览往昔，唐尧、虞舜和夏商周三代，是何等美好的政治；秦始皇和汉武帝，是何等的英雄豪杰；汉唐代以来的文学，是何等的兴隆繁盛；康熙、乾隆年间的武功，是何等的盛大显赫。历史学家所铺叙记载的，文学家所尽情讴歌的，哪一样不是我们国民少年时代的良辰美景、赏心乐事的陈迹呢！而今颓然衰老了！昨天割去五座城，明天又割去十座城，处处穷得雀鼠不见踪影，夜夜扰得鸡犬不得安宁。全国的土地财产，已成为别人怀中的肥肉；四万万父老同胞，已成注名于他人户册上的奴隶，这难道不就像“老大嫁作商人妇”的人一样吗？可悲啊，请君莫说当年事，衰老憔悴的光阴不堪回首！像束手待毙的囚徒一样，可谓朝不保夕，国家成为等死的国家，国民成为等死的国民。万事已到了无可奈何的地步，一切都听凭他人作弄，也就没有什么值得奇怪的！

我要问：我们中国果真是“老大帝国”吗？这是今天世界上的一大问题。如果是“老大帝国”，那么中国就是过去的国家，即地球上原来就有这个国家，而今渐渐消失，以后的命运大概也差不多快完结了。如果不是“老大帝国”，那么中国就是未来的国家，即地球上过去从未出现这个国家，而今渐渐发达起来，以后的前程正来日方长。要想判断今日的中国是老年还是少年，则不可不先弄清“国”字的含义。所谓国家，到底是什么呢？国家有土地、有人民，居住生息在这片土地上的人民管理自己土地上的事情，自己制定法律并遵守它；国家有主权，有服从，人人是有主权的人，人人又是遵守法律的人。如果做到这样，这就是名副其实的国家。地球上开始有名副其实的国家，只是近百年以来的事。完全名副其实的，是壮年的事情；未能完全合格而渐渐演进成名副其实的，是少年的事情。所以我可以用一句话判断他们说：欧洲列国今天是壮年国，而我们中国今天是少年国。

大凡古代中国，虽然有国家的名义，然而并未具备国家的形式。或是作为家族的国家，或是作为酋长的国家，或是作为封建诸侯的国家，或是作为一王专制的国家。虽种类不一样，但总而言之，对于国家应具备的体制来说，它们都是有其中一部分而缺少另一部分。正如婴儿从胚胎变成儿童，他身体上一两种肢体器官，先开始发育形成，此外的部分虽已基本具备，但尚未能发挥作用。所以，唐尧、虞舜以前为我国的胚胎时代，殷周之际为我国的乳哺时代，从孔子而来直至现在是儿童时代。逐渐发达，至今才开始进入儿童以上的少年时代。他的发育成长之所以如此迟缓，是历代的民贼阻碍遏止他生机的结果。犹如童年多病，反而像衰老的样子，有的甚至怀疑他死期就要到了，而不知道他全是因为没有完全成长的缘故。这不是针对过去说的，而是放眼未来说的。

况且，我们中国的过去，哪里曾出现过所谓的国家呢？不过仅仅有过朝廷罢了！我中华儿女，聚族而居，自立于这个地球上已有数千年，然而问一问这个国家叫什么名称，则竟没有名称。前所谓唐、虞、夏、商、周、秦、汉、魏、晋、宋、齐、梁、陈、隋、唐、宋、元、明、清的，都是朝廷的名称罢了。所谓朝廷，乃是一家的私有财产。所谓国家，乃是人民公有的财产。朝代有朝代的老与少，国家也有国家的老与少。朝廷与国家既是不同的事物，那么不能以朝廷的老少指代国家老少的道理就很明白了。文王、武王、成王、康王时代，是周朝的少年时代；至幽王、厉王、桓王、赧王时代，就是周朝的老年时代了。高祖、文帝、景帝、武帝时代，是汉朝的少年时代；至元帝、平帝、桓帝、灵帝时代，就是汉朝的老年时代了。自汉以后各代，没有一个朝代不具有少年时代和老年时代的。凡此种种称为一个朝廷老化是可以的，称为一个国家老化就不可以。一个朝廷衰老将死，犹如一个人衰老将死一样，与我所说的中国有什么相干呢。那么，我们中国，只不过以前尚未出现在世界上，而今才刚刚开始萌芽罢了。天地是多么广大啊，前途是多么辽阔啊，多么美啊我的少年中国！

马志尼是意大利三杰中的魁首。因为国家的事被判罪，逃窜到其他国家。于是创立一个组织，叫作“少年意大利”。全国有志之士，像云涌雾集一般响应他。最后终于统一并复兴旧邦，使意大利成为欧洲一大强国。意大利，乃是欧洲的第一老大帝国。自从罗马帝国灭亡后，全国土地隶属于教皇，政权却归之于奥地利，这大概是所谓衰老而濒临于死期的国家了。但一个马志尼就能使全国变成少年意大利，何况我们中国确实处在少年时代呢！堂堂四百多个州的国土，凛凛然有四万万国民，难道就不能产生一个像马志尼那样的人物吗！

龚自珍诗集中有一首诗，题目叫《能令公少年行》。我曾经十分爱读它，喜欢体味它用意的所在。我们国民自己说自己的国家是老年的话，那便果真成老年了；我们国民自己了解自己的国家是少年，那便真是少年了。西方有句民间谚语说：“有三岁的老翁，有百岁的儿童。”那么，国家的老与少，又无确定的形态，而实在是随着国民人心的力量变化而增减的。我既看到马志尼能使他的国家变成少年国，又目睹我国的官吏士民能使国家变成“老大帝国”。我为这一点感到恐惧！像这样壮美绝伦、举世无双的少年中国，竟被欧洲和日本人称为“老大帝国”，这是为什么呢？这是因为掌握国家大权的都是老朽之人。非得吟诵几十年八股文，非得写几十年的考卷，非得当几十年的差使，非得熬几十年的俸给，非得递几十年的名帖，非得唱几十年的喏，非得磕几十年的头，非得请几十年的安，否则必定不能得到一官、提升一职。那些在朝中任正副大臣以上，外出担任监司以上官职的，一百人当中，其中五官不全的，大概有九十六七人。不是眼瞎就是耳聋，不是手打战就是脚瘸跛，再不就是半身风瘫，饮食、走路、看东西、听声音、说话尚且不能自己处理，必须由三四个人在左右搀扶，要叫这样的人担负起国家大事，这与竖起无数木偶而让他们治理天下有什么两样呢！况且那些家伙，自从少壮年的时候就不知道亚细亚、欧罗巴是什么地方，汉高祖、唐太宗是哪一朝皇帝，还嫌他愚笨僵化没有到达极点，又要去磋磨他、陶冶他，等他脑髓已经干涸、血管堵塞、气息奄奄、与死鬼做邻居之时，将我两万里山河，四万万人命，一举而交付于他手中。真可悲啊！“老大帝国”，确实是老大啊！而他们那些人，积聚了自己几十年的八股、白折、当差、捱俸、手本、唱喏、磕头、请安，历经千辛万苦、千苦万辛才刚刚得到这身红顶花翎的官服和中堂大人的名号，于是付出他全部的精力，用尽他毕生的力量，来加以维持。就像那乞丐拾到金子一锭，虽然轰隆隆的响雷盘旋在他的头顶上，但双手仍紧抱着装钱的囊袋，其他的事情就不是他想顾及、不是他想知道、不是他想听到的了。在这个时候你告诉他国要亡了，要被瓜分了，他怎么会跟从你听这些消息，怎么会跟从你相信这些消息！即使果真亡了，果真被瓜分了，而我今年已七八十岁了，只求这一两年之内，洋人不来，强盗不起，我已快活地过了一世了；如果不得已，就双手献上两三个省的土地，以示恭敬，以换取我几个衙门；卖几百万人民作为仆人、奴隶，以赎取我一条老命，这有什么不可，有什么难办？真是可悲啊！今天所谓的老后、老臣、老将、老吏，他们修身齐家治国平天下的手段，全都在这里了。西风一夜催人老，凋尽朱颜白尽头。让无常来当医生，携着催命符以祝寿，唉，令人悲痛啊！用这样的办法来统治国家，哪有不老而将死呢，我甚至怕他未到年岁就早逝了。

我认为，造成中国今天衰老腐朽的，是中国衰老腐朽人的罪孽；创建未来的少年中国的，是中国少年一代的责任。那些衰老腐朽的人有什么可说的？他们与这个世界告别的日子不远了，而我们少年才是将要与世界结缘的。如租赁房屋的人一样，他们明天就将迁到别的地方去住，而我们今天才搬进这间屋子居住。将要迁居别处的人，不爱护这间屋子的窗户，不清扫管理这间房舍的庭院走廊，这是人之常情，又有什么值得奇怪的！至于我们少年人，前程远大，中国如果成为牛马奴隶，那么烹烧、宰割、鞭打之类的残酷遭遇，只能由我们少年承受；中国如果称霸世界、主宰地球，那么发号施令的尊贵光荣，也只有我们少年享受，与那些气息奄奄将与死鬼做邻居的老朽有什么关系？如果说他们漠然对待这一问题还可以说得过去，那么我们漠然地对待这一问题，就说不过去了。假如使全国的少年果真成为充满朝气的少年，那么我们中国作为未来的国家，进步是不可限量的；假如全国的少年也变成衰老腐朽的人，那么我们中国就会成为从前那样的国家，它的灭亡不久就要到来。所以说今天的责任，不在别人身上，全在我们少年身上。少年聪明我国家就聪明，少年富裕我国家就富裕，少年强大我国家就强大，少年独立我国家就独立，少年自由我国家就自由，少年进步我国家就进步，少年胜过欧洲我国家就胜过欧洲，少年称雄于世界我国家就称雄于世界。红日刚刚升起，道路充满霞光；黄河从地下冒出，汹涌奔泻，浩浩荡荡；潜龙从深渊中腾跃而起，它的鳞爪舞动飞扬；小老虎在山谷吼叫，所有的野兽都害怕惊慌，雄鹰隼鸟振翅欲飞，风和尘土高卷飞扬；奇花刚开始孕起蓓蕾，此后必将茂盛茁壮；干将剑新磨，闪射出光芒；头顶着苍天，脚踏着大地；纵看有悠久的历史，横看有辽阔的疆域；前途像海一般宽广，未来的日子无限长远。美丽啊我的少年中国，将与天地共存不老；雄壮啊我的中国少年，将与祖国万寿无疆！

《与妻书》

林觉民

导读

作者为黄花岗七十二烈士之一。这是广州起义前三天，他在一块白布上写给妻子的绝笔书。他同时还有一封给父亲的短信："不孝儿叩禀父亲大人：儿死矣，惟累大人吃苦，弟妹缺衣食耳，然大有补于全国同胞也。大罪乞恕之。"起义失败后有人将这两封信塞进林家门缝。《与妻书》手稿现存福建省博物馆。

这是一篇大爱之文。第一，作者为近代人物，已超越他之前所有忠君、报国、安邦、治民的封建志士仁人，开始向封建制度宣战，"今日之中国，国中无地无时不可以死"。第二，提出牺牲吾身，为天下人谋永福。起义前他已抱定必死的决心，在这封绝笔书中反复剖析小我与大我、爱情与爱国的关系，血泪俱下，大气磅礴。黄花岗七十二烈士名垂千古，但其事迹大多湮灭无考，幸有作者为后人留下这篇文章，让我们能一窥辛亥志士的风貌。这是一座辛亥革命的文学丰碑。今天拜读雄文仍热血沸腾，可知前仆后继，历史演进之艰难。烈士义举大有补于全国同胞，烈士雄文大有补于我中华青史。

关键词句

牺牲吾身；为天下人谋永福。

名言成语

吾充吾爱汝之心，助天下人爱其所爱；遍地腥云，满街狼犬。

作者介绍

林觉民（1887—1911），字意洞，号抖飞，又号天外生，汉族，福建闽县（今福州）人。少年之时，即接受民主革命思想，推崇自由平等学说。留学日本期间，加入同盟会。1911年春回国，留下情真意切的绝笔《与妻书》，和族亲林尹民等随黄兴、方声洞等革命党人勇猛地攻入总督衙门，转战途中受伤力尽被俘。在提督衙门受审时慷慨宣传革命道理，最后从容就义，是黄花岗七十二烈士之一。

正文

意映卿卿如晤[1]，吾今以此书与汝永别矣！吾作此书时，尚是世中一人；汝看此书时，吾已成为阴间一鬼。吾作此书，泪珠和笔墨齐下，不能竟书而欲搁笔[2]，又恐汝不察吾衷[3]，谓吾忍舍汝而死[4]，谓吾不知汝之不欲吾死也，故遂忍悲为汝言之。

吾至爱汝[5]，即此爱汝一念，使吾勇就死也[6]。吾自遇汝以来[7]，常愿天下有情人都成眷属；然遍地腥云[8]，满街狼犬[9]，称心快意[10]，几家能彀[11]？司马春衫，吾不能学太上之忘情也。语云：仁者“老吾老，以及人之老；幼吾幼，以及人之幼”[12]。吾充吾爱汝之心，助天下人爱其所爱[13]，所以敢先汝而死，不顾汝也。汝体吾此心，于啼泣之余，亦以天下人为念，当亦乐牺牲吾身与汝身之福利[14]，为天下人谋永福也。汝其勿悲！

汝忆否[15]？四五年前某夕，吾尝语曰[16]：“与使吾先死也，无宁汝先而死[17]。”汝初闻言而怒[18]，后经吾婉解，虽不谓吾言为是，而亦无词相答。吾之意盖谓以汝之弱[19]，必不能禁失吾之悲[20]，吾先死留苦与汝，吾心不忍，故宁请汝先死，吾担悲也。嗟夫！谁知吾卒先汝而死乎？

吾真真不能忘汝也！回忆后街之屋，入门穿廊，过前后厅，又三四折，有小厅，厅旁一室，为吾与汝双栖之所[21]。初婚三四个月，适冬之望日前后[22]，窗外疏梅筛月影，依稀掩映[23]；吾与（汝）并肩携手，低低切切[24]，何事不语？何情不诉？及今思之，空余泪痕。又回忆六七年前，吾之逃家复归也，汝泣告我：“望今后有远行，必以告妾[25]，妾愿随君行。”吾亦既许汝矣[26]。前十余日回家，即欲乘便以此行之事语汝，及与汝相对，又不能启口，且以汝之有身也，更恐不胜悲，故惟日日呼酒买醉[27]。嗟夫！当时余心之悲，盖不能以寸管形容之[28]。

吾诚愿与汝相守以死[29]，第以今日事势观之[30]，天灾可以死，盗贼可以死，瓜分之日可以死[31]，奸官污吏虐民可以死，吾辈处今日之中国，国中无地无时不可以死，到那时使吾眼睁睁看汝死，或使汝眼睁睁看我死，吾能之乎？抑汝能之乎？即可不死，而离散不相见，徒使两地眼成穿而骨化石，试问古来几曾见破镜能重圆？则较死为苦也，将奈之何[32]？今日吾与汝幸双健。天下人不当死而死与不愿离而离者，不可数计，钟情如我辈者[33]，能忍之乎？此吾所以敢率性就死不顾汝也[34]。吾今死无余憾，国事成不成自有同志者在[35]。依新已五岁，转眼成人，汝其善抚之，使之肖我[36]。汝腹中之物，吾疑其女也[37]，女必像汝，吾心甚慰。或又是男，则亦教其以父志为志，则我死后尚有二意洞在也。甚幸，甚幸！吾家后日当甚贫，贫无所苦，清静过日而已。吾今与汝无言矣。吾居九泉之下遥闻汝哭声，当哭相和也。吾平日不信有鬼，今则又望其真有。今人又言心电感应有道，吾亦望其言是实，则吾之死，吾灵尚依依旁汝也[38]，汝不必以无侣悲。

吾平生未尝以吾所志语汝，是吾不是处；然语之，又恐汝日日为吾担忧。吾牺牲百死而不辞，而使汝担忧，的的非吾所忍。吾爱汝至，所以为汝谋者惟恐未尽。汝幸而偶我[39]，又何不幸而生今日中国！吾幸而得汝，又何不幸而生今日之中国！卒不忍独善其身。嗟夫[40]！巾短情长[41]，所未尽者，尚有万千，汝可以模拟得之。吾今不能见汝矣！汝不能舍吾，其时时于梦中得我乎！一恸[42]！辛未三月廿六夜四鼓[43]，意洞手书[44]。

家中诸母皆通文[45]，有不解处，望请其指教，当尽吾意为幸[46]。

注解

[1] 卿卿：男女间的昵称。晤：见面。

[2] 竟书：写完信。竟，本意为奏乐完毕，引申为完，在这里的意思是写完。书，名词，信。

[3] 衷：内心。

[4] 谓：说，以为。

[5] 至：副词，极。

[6] 就：趋向，接近。这里意思是“去”。

[7] 遇：本义为逢，这里有相逢而彼此投合、契合的意思。译为“相好”。

[8] 腥云：含有腥气的云。

[9] 狼犬：这里指清朝统治者的爪牙。

[10] 称心快意：心满意足，爽快舒适。

[11] 彀：同“够”。

[12] 老吾老，以及人之老：第一个老字是动词，尊敬、敬爱的意思；第二个老字是名词，老人的意思。第一个幼字是动词，爱护的意思；第二个幼字是名词，儿女的意思。

[13] 其：代词，指上文的“天下人”，译为“他们”。

[14] 福利：幸福，利益。

[15] 否：否定副词，不。

[16] 语：相告。

[17] 与……无宁：连词，对二事进行比较时常用。与，或作“与其”；无宁，或作“不如”“不若”“岂若”。

[18] 初：时间副词，开始。

[19] 盖：这里是推究原因之词。弱：本为形容词，这里做名词，指瘦弱的身体。

[20] 禁：禁受，堪受；不能禁，禁受不住。

[21] 栖：栖息。所：名词，住所，地方。

[22] 冬：冬月，农历十一月。望日：农历每月十五日。

[23] 依稀：仿佛，不清晰。掩映：遮掩衬托。

[24] 低低切切：轻声细语说私话的样子。

[25] 以告：“以之告”。“以”后省略了代词“之”。妾：旧时

女子自称的谦称。

[26] 许：应诺。

[27] 呼酒买醉：这里指喝酒解闷。

[28] 盖：发语词。寸管：毛笔的代称。

[29] 相守以死："相守而死"。以，连词，作用同"而"。

[30] 第：但。事势：形势，局势。

[31] 瓜分：比喻像剖瓜一样分割国土或划分疆界。这里指帝国主义国家侵略中国。

[32] 将奈之何："将以之奈何"。将，将要。之，代词，指"较死为苦"的"离散不相见"生活。奈何，怎样，如何。

[33] 钟情：情爱专注。后来常用以指男女相爱。

[34] 率性：顺着本性去做，这里有索性、干脆的意思。

[35] 国事：国家的政事。这里指资产阶级民主革命。

[36] 其：副词，表示祈求的意思，相当于"当"。肖：类似。

[37] 疑：估量，猜度。其：回指前文的"腹中之物"。

[38] 依依：恋恋不舍。旁：同"傍"，依，近。这里指"伴随"。

[39] 偶：本为名词，配偶。这里用作动词，嫁的意思。

[40] 嗟夫：同"嗟乎"，叹词。

[41] 巾：手巾。本信写在一条白布巾上。

[42] 恸：痛哭。

[43] 辛未：应为辛亥年。廿：二十。

[44] 手书：亲笔写。

[45] 诸母：各位伯母、叔母。

[46] 为：动词，当作。幸：指幸运的事情。

译文

意映爱妻，见字如面：我通过这封信跟你永别！我写这封信时，还是世间一个人；你看这封信时，我已经成为阴间一鬼。我写这封信，泪珠和笔墨一齐落下，以致无法写完信就想放下笔，又怕你不体察我的心思，说我忍心抛弃你去死，说我不知道你不想让我死，所以就强忍着悲痛跟你说这些话。

我非常爱你，也就是爱你的这一意念，促使我勇敢地去面对死。我自从结识你以来，常希望天下的有情人都能结为夫妇；然而遍地血腥阴云，满街凶狼恶犬，有几家能称心满意呢？江州司马同情琵琶女的遭遇而泪湿青衫，我不能学习那种思想境界高的圣人而忘掉感情。古语说，仁爱的人“尊敬自己的老人，从而推及尊敬别人的老人，爱护自己的儿女，从而推及爱护别人的儿女”。我扩充我爱你的心思，帮助天下人爱他们所爱的人，所以我才敢在你之前死而不顾你。你能体谅我这种心情，在哭泣之后，也把天下的人作为自己思念的人，应该也乐意牺牲我一生和你一生的福利，替天下人谋求永久的幸福。你不要悲伤！

你还记得吗，四五年前的一个晚上，我曾经对你说：“与其让我先死，不如让你先死。”你刚听这话就很生气，后来经过我委婉的解释，你虽然不说我的话是对的，但也无话可答。我的意思是说凭你的瘦弱身体，一定禁受不住失去我的悲痛，我先死，把痛苦留给你，我内心不忍，所以宁愿希望你先死，让我来承担悲痛吧。唉！谁知道我终究比你先死呢！

我实在是不能忘记你啊！回忆后街我们的家，进入大门，穿过走廊，经过前厅和后厅，又转三四个弯，有一个小厅，小厅旁有一间房，那是我和你共同居住的地方。刚结婚三四个月，正赶上冬月十五日前后，窗外稀疏的梅枝筛下月影遮掩映衬；我和你并肩携手，低声私语，什么事不说？什么感情不倾诉呢？到现在回想起当时的情景，只剩下泪痕。又回忆起六七年前，我背着家里人出走又回到家时，你小声哭着告诉我：“希望你今后要远走时，一定告诉我，我愿随着你远行。”我也已经答应了你。十几天前回家，就想顺便把这次远行的事告诉你，等到跟你面对时，又不忍开口，况且因你怀孕了，更怕你不能承受悲伤，所以只天天要酒求得一醉。唉！当时我内心的悲痛，是不能用笔墨来形容的。

我确实愿意和你相依为命直到老死，但根据现在的局势来看，天灾可以使人死亡，盗贼可以使人死亡，列强瓜分中国的时

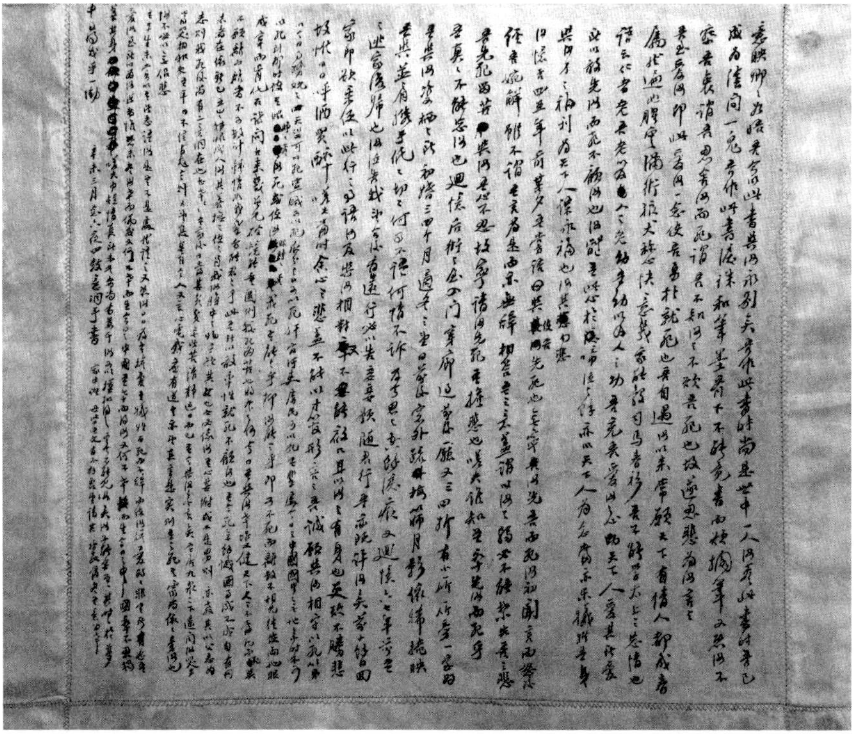

《与妻书》手稿

候可以使人死亡，贪官污吏虐待百姓可以使人死亡，我们这辈人生在今天的中国，国家内无时无地不可以使人死亡。到那时让我眼睁睁看你死，或者让你眼睁睁看我死，是我能够这样做呢，还是你能这样做呢？即使能不死，但是夫妻离别不能相见，白白地使我们两地双眼望穿，尸骨化为石头，试问自古以来什么时候曾见过破镜能重圆的？那么这种离散比死要痛苦，这将怎么办呢？今天我和你幸好双双健在，天下不应当死却死了和不愿意分离却分离了的人，不能用数字来计算，像我们这样爱情专一的人，能忍受这种事情吗？这是我敢于索性去死而不顾你的缘故。我现在死去没有什么遗憾，国家大事成功与不成功，自有同志们在继续奋斗。依新已经五岁了，转眼之间就要长大成人了，希望你好好地抚养他，使他像我。你腹中的胎儿，我猜她是个女孩，是女孩一定像你，我心里非常欣慰。或许又是个男孩，你就也教育他以父亲的志向作为志向，那么我死后还有两个意洞在呀。我太高兴啦，太高兴啦！我们家以后的生活应该会很贫困，但贫困没有什么痛苦，清清静静过日子罢了。我现在跟你再没有什么话说了。我在九泉之下远远地听到你的哭声，应当也用哭声相应和。我平时不相信有鬼，现在却又希望它真有。现在又有人说有心电感应，我也希望这话是真的。这样我死后，我的灵魂还能依依不舍地伴着你，你就不必因为失去伴侣而悲伤了。

我平素不曾把我的志向告诉你，这是我不对的地方；可是告诉你，又怕你天天为我担忧。我为国牺牲，死一百次也不会推辞，可是让你担忧，是我不能忍受的。我爱你到了极点，所以替你打算的事情只怕不周全。你有幸嫁给了我，可又为什么不幸生在今天的中国！我有幸娶到你，可又为什么不幸生在今天的中国！我终究不忍心只完善自己。唉！方巾短小情义深长，没有写完的心里话，还有成千上万，你可以凭方巾领会没写完的话。我现在不能见到你了，你又不能忘掉我，大概你会在梦中梦到我吧！要哭就痛哭一场吧！辛未年三月二十六日深夜四更，意洞亲笔写。

家中各位伯母、叔母都通晓文字，有不理解的地方，希望请她们指教，应当完全理解我的心意是好。

《为人民服务》

毛泽东

导读

《岳阳楼记》300多字，共有7处“忧”字；毛泽东这篇《为人民服务》近800字，8处提到“为人民”。《为人民服务》写于1944年，即抗日战争胜利的前一年。中国共产党人在与人民同生死、共患难，为人民求生存、求解放的伟大斗争中，切实感知到了人民的力量；在对古今中外历史的学习与研究中自觉接受了历史唯物主义——人民，只有人民才是历史前进的动力。毛泽东曾幽默地说过一句话，政治就是把我们的人搞得多多的。毛泽东之后中共的另一伟人邓小平也由衷地说过一句话：“我是中国人民的儿子。”周恩来在“文化大革命”时期，胸前始终佩戴着“为人民服务”的徽章。中国历史从秦统一六国，历经兴替，无数政治家上下求索，直到中国共产党才终于悟到了政治就是为人民服务。这是共产党人立党立国的宗旨，也为以后中国所有的政治家确立了一条立党为政的实践检验标准。成也此言，败也此言。

本文是毛泽东在中共中央警备团追悼张思德的会上的讲演，入情入理，哀而不伤，叙事用典，平中见奇。毛泽东自述自己做文章得古文精髓，又曾大受梁启超的影响，这篇文章很能代表毛泽东文章的风格。

关键词句

为人民服务。

名言成语

为人民而死，就是死得其所。

作者介绍

毛泽东（1893—1976），湖南湘潭人。1893 年 12 月 26 日生于一个农民家庭，1976 年逝世于北京。伟大的马克思主义者，无产阶级革命家、战略家和理论家，中国共产党、中国人民解放军与中华人民共和国的主要缔造者和领导人。

正文

我们的共产党和共产党所领导的八路军、新四军，是革命的队伍。我们这个队伍完全是为着解放人民的，是彻底地为人民的利益工作的。张思德[1]同志就是我们这个队伍中的一个同志。

人总是要死的，但死的意义有不同。中国古时候有个文学家叫做司马迁的说过："人固有一死，或重于泰山，或轻于鸿毛。"[2]为人民利益而死，就比泰山还重；替法西斯卖力，替剥削人民和压迫人民的人去死，就比鸿毛还轻。张思德同志是为人民利益而死的，他的死是比泰山还要重的。

因为我们是为人民服务的，所以，我们如果有缺点，就不怕别人批评指出。不管是什么人，谁向我们指出都行。只要你说得对，我们就改正。你说的办法对人民有好处，我们就照你的办。“精兵简政”这一条意见，就是党外人士李鼎铭[3]先生提出来的；他提得好，对人民有好处，我们就采用了。只要我们为人民的利益坚持好的，为人民的利益改正错的，我们这个队伍就一定会兴旺起来。

我们都是来自五湖四海，为了一个共同的革命目标，走到一起来了。我们还要和全国大多数人民走这一条路。我们今天已经领导着有九千一百万人口的根据地[4]，但是还不够，还要更大些，才能取得全民族的解放。我们的同志在困难的时候，要看到成绩，要看到光明，要提高我们的勇气。中国人民正在受难，我们有责任解救他们，我们要努力奋斗。要奋斗就会有牺牲，死人的事是经常发生的。但是我们想到人民的利益，想到大多数人民的痛苦，我们为人民而死，就是死得其所。不过，我们应当尽量地减少那些不必要的牺牲。我们的干部要关心每一个战士，一切革命队伍的人都要互相关心，互相爱护，互相帮助。

今后我们的队伍里，不管死了谁，不管是炊事员，是战士，只要他是做过一些有益的工作的，我们都要给他送葬，开追悼会。这要成为一个制度。这个方法也要介绍到老百姓那里去。村上的人死了，开个追悼会。用这样的方法，寄托我们的哀思，使整个人民团结起来。

毛泽东题词

注解

［1］张思德，四川仪陇人，中共中央警备团的战士。他在1933年参加红军，经历长征，负过伤，是一个忠实为人民服务的共产党员。1944年9月5日在陕北安塞县山中烧炭，因炭窑崩塌而牺牲。

［2］司马迁，中国西汉时期著名的文学家和历史学家，著有《史记》130篇。此处引语见《汉书·司马迁传》中的《报任少卿书》，原文是："人固有一死，死有重于泰山，或轻于鸿毛。"

［3］李鼎铭（1881—1947），陕西米脂人，开明绅士。他在1941年11月陕甘宁边区第二届参议会上提出"精兵简政"的提案，并在这次会议上当选为陕甘宁边区政府副主席。

［4］这是指当时陕甘宁边区和华北、华中、华南各抗日根据地所拥有的人口的总数。

下篇

武侯祠：1700 年的沉思

——《出师表》解读

中国历史上有无数个名人，但很少有人像诸葛亮这样引起人们长久不衰的怀念；中国大地上有无数座祠堂，但没有哪一座能像成都武侯祠这样，让人生出无限的崇敬、无尽的思考和深深的遗憾。这座带有传奇色彩的建筑，令海内外所有的崇拜者一提起它就产生一种神秘的向往。

武侯祠坐落于成都市区略偏南的闹市。两棵古榕为屏，一对古狮拱卫，当街一座朱红飞檐的庙门。你只要往门口一站，一种尘世暂离而圣地在即的庄严肃穆之感便油然而生。进门是一庭院，满院绿树披道，杂花映目，一条 50 米长的甬道直达二门，路两侧各有唐代、明代的古碑一座。这绿荫的清凉和古碑的幽远让你先有一种感情的准备，我们将去造访一位 1 700 年前的哲人。进二门又一座四合庭院，约 50 米深，刘备殿飞檐翘角，雄踞正中，左右两廊分别供着 28 位文臣武将。过刘备殿，下 11 阶，穿过庭院，又一四合院，东西南三面以回廊相通，正北是诸葛亮殿。由诸葛亮殿顺一红墙翠竹夹道就到了祠的西部——惠陵，这是刘备的墓，夕阳抹过古冢老松，让人想起遥远的汉魏。由诸葛亮殿向东有门通向一片偌大的园林。这些树、殿、陵都被一面红墙环绕，墙外车马喧，墙内柏森森。诸葛亮能在 1 700 年后享此祀地，并前配天子庙，右依先帝陵，千多年来香火不绝，这气象也真绝无仅有了。

公元 234 年，诸葛亮在进行他一生的最后一次对魏作战时病死军中。一时国倾梁柱，民失相父，举国上下莫不痛悲，百姓请建祠庙，但朝廷以礼不合，不许建祠。于是每年清明时节，百姓就于野外对天设祭，举国痛呼魂兮归来。这样过了 30 年，民心难违，朝廷才允许在诸葛亮殉职的定军山建第一座祠，不想此例一开，全国武侯祠林立。成都最早建祠是在西晋，以后多有变迁。先是武侯祠与刘备庙毗邻，诸葛祠前香火旺，刘备庙前车马稀。明朝初年，帝室之胄朱椿来拜，心中很不是滋味，下令废武侯祠，只在刘备殿旁附带供诸葛亮。不想事与愿违，百姓反把整座庙称武侯祠，香火更甚。到清康熙年间，为解决这个矛盾，干脆改建为君臣合庙，刘备在前，诸葛亮在后，以后朝廷又多次重

武侯祠

申，这祠的正名为昭烈庙（刘备谥号昭烈帝），并在大门上悬以巨匾。但是朝朝代代，人们总是称它为武侯祠，直到今天。“文化大革命”曾经疯狂地破坏了多少文物古迹，但武侯祠却片瓦未损，至今每年还有 200 万人来拜访。这是一处供人感怀、抒情的所在，一个借古证今的地方。

我穿过一座又一座的院落，悄悄地向诸葛亮殿走去。这殿不像一般庙里的殿那样深暗，它合为丞相治事之地，殿柱矗立，贯天地正气，殿门前敞，容万民之情。诸葛亮端坐在正中的龛台上，头戴纶巾，手持羽扇，正凝神沉思。往事越千年，历史的风尘不能掩遮他聪慧的目光，墙外车马的喧闹也不能把他从沉思中唤醒。他的左右是其子诸葛瞻，其孙诸葛尚。瞻与尚在诸葛亮死后都为蜀汉政权战死沙场。殿后有铜鼓三面，为丞相当初治军之用，已绿锈斑驳，却余威尚存。我默对良久，隐隐如闻金戈铁马之声。殿的左右两壁书着他的两篇名文，左为《隆中对》，条分缕析，预知数十年后天下事；右为《出师表》，慷慨陈词，痛表一颗忧国忧民心。透过他深沉的目光，我努力想从中发现这位东方“思想者”的过去。我看到他在国乱家丧之时，布衣粗茶，耕读山中；看到他初出茅庐，羽扇轻轻一挥，80 万曹兵就灰飞烟灭；看到他在斩马谡时那一滴难言的浊泪；看到他在向后主自报家产时那一颗坦然无私的心。记得小时读《三国》，总希望蜀国能赢，那实在不是为了刘备，而是为了诸葛亮。这样一位才比天高、德昭宇内的人不赢，真是天理不容。但他还是输了，上帝为中国历史安排了一出最感人的悲剧。

假如他生在周、唐，他会成为周公、魏徵；假如上天再给他十年时间（活到 63 岁不算老吧），他也许会再造一个大汉；假如他少一点愚忠，真按刘备的遗言，将阿斗取而代之，也许会又建一个什么新朝。我心中翻腾着这许多的“假如”，抬头一看，诸葛亮还是那样安静地坐着，目光更加明净，手中的羽扇像刚刚挥过一样。我可笑自己的胡思乱想。我知道他已这样静坐默想了1 700年，他知道天命不可违，英雄无法再造一个时势。

1 700年前，诸葛亮输给了曹魏，却赢了此后所有人的心。我从大殿上走下，沿着回廊在院中漫步。这个天井式的院落像一个历史的隧道，我们随手可翻检到唐宋遗物，甚至还可驻足廊下与古人聊上几句。杜甫是到这祠里做客次数最多的。他的名句“出师未捷身先死，长使英雄泪满襟”，唱出了这个悲剧的主调。院东有一块唐碑，正面、背面、两侧或文或诗，密密麻麻，都与杜甫做着悲壮的唱酬。唐人的碑文说：“若天假之年，则继大汉之祀，成先生之志，不难矣。”元人的一首诗叹道：“正统不惭传千古，莫将成败论三分。”明人的一首诗简直恨历史不能重写了：“托孤未付先君望，恨入岷江昼夜流。”南面东西两廊的墙上嵌着岳飞草书的前后《出师表》，笔走龙蛇，倒海翻江，黑底白字在幽暗的廊中如长夜闪电，我默读着“临表涕零，不知所言”，读着“汉贼不两立，王业不偏安”，看那墨痕如血如泪，笔锋如枪如戟，我听到了这两位忠臣良将遥隔900年的灵魂共鸣。这座天井式的祠院千多年来就这样始终为诸葛亮的英气所笼罩，并慢慢积聚而成为一种民族魂。我看到一个个的后来者，他们在这里扼腕叹息、仰天长呼或沉思默想。他们中有诗人，有将军，有朝廷的大臣，有封疆大吏，甚至还有割据巴蜀的草头王。但不管是什么人，不管什么出身，负有什么使命，只要在这个小院里一站，就受到一种庄严的召唤。人人都为其主人的凛然正气所感召，因他的忠义之举而激动，为他的淡泊之志所净化，为他的聪明才智所倾倒。人有才不难，历史上如秦桧那样的大奸也有歪才，有德也不难，天下与人为善者多有其人，难的是德才兼备，有才又肯为天下人兴利，有功又不自傲。

武侯祠内的题匾

历史早已过去，我们现在追溯旧事，也未必对“曹贼”那样仇恨，但对诸葛亮却更觉亲切。这说明诸葛亮在那场历史斗争中并不单纯地为克曹灭魏，他不过是要实现自己的治国理想，是在实践自己的做人目标，他在试着把聪明才智发挥到极限，蜀、魏、吴之争不过是这三种实验的一个载体。他借此实现了一个人、一个历史伟人的价值。史载公元 347 年，桓温征蜀时，犹见武侯当政时的小吏，年已百余岁。温问曰："诸葛丞相今谁与比？"答曰："诸葛在时，亦不觉异，自公没后，不见其比。"此事未必可信，但诸葛亮确实实现了超时空的存在。古往今来有两种人，一种人为当下而活，拼命享受，死而后已；一种人为理想而生，鞠躬尽瘁，死而后已。一个人不管他的官位多大，总要还原为人；不管他的寿命多长，总要变为鬼；而只有极少数人才有幸被百姓筛选，被历史擢拔为神，享四时之祀，得到永恒。

我在祠中盘桓半日，临别时又在武侯像前伫立一会儿，他还是那样，目光泉水般的明净，手中的羽扇轻轻抬起，一动也不动。

1990 年 12 月

心中的桃花源

——《桃花源记》解读

每一个多少读过点书的人，都知道陶渊明的《桃花源记》。一篇只有 300 余字的散文能流传 1 500 多年，家喻户晓，传唱不衰，其中必有它的道理。这篇文章连同作者最流行的诗作，大约是我在孩提时代，为习文识字，被父亲捉来读的。当时的印象也就是文字优美，故事奇特而已。直到年过花甲之后，才渐有所悟，一篇好文章原来是要用整整一生去阅读的。反过来，一篇文章也只有经过读者的检验，岁月的打磨，才能称得起经典。凡是经典的散文总是说出了一种道理，蕴含着一种美感，让你一开卷就沉浸在它的怀抱里。《桃花源记》就是这样的文章。

一、《桃花源记》想说什么

一般人都将《桃花源记》看作一篇美文小品。它确实美，朴实无华，清秀似水，而又神韵无穷。但正是因为这美害了它，让人望美驻足，而忽略了它更深一层的含义。就如一个美女英雄或美女学者，人们总是惊叹她的容貌，而少谈她的成绩。《桃花源记》也是吃了这个亏，顶了“美文”的名，始终在文人圈子和文章堆里打转转，殊不知它的第一含义在政治。

陶渊明所处的晋代自秦统一天下已 600 余年。在陶之前不是没有过政治家。你看，贾谊是政治家，他的《过秦论》剖析暴秦之灭亡何等精辟，但汉文帝召见他时“不问苍生问鬼神”；诸葛亮是政治家，是智者的化身，但他用尽脑汁，也不过是为了帮刘备恢复汉家天下；曹操是政治家，雄才大略，横槊赋诗何其风光，但刚为曹家挣到一点江山底子，转瞬间就让司马氏篡权。陶渊明也不是没有参与过政治，读书人谁不想建功立业？况且他的曾祖陶侃（就是成语“陶侃惜分阴”的那个陶侃）就是一个为晋王朝立有大功的政治家、军事家。陶渊明曾多次出入权贵的幕府，但是他所处的政治环境实在是太黑暗了。东晋王朝气数将尽，争权夺利，贪污腐败，军阀混战，民不聊生。以东晋的重臣刘裕为例，未发迹时是一无赖，好赌，借大族刁氏钱不还，刁氏将其绑在树上用皮鞭抽。有一个叫王谧的富人可怜他，便代为还钱。刘发迹，就扶王为相，而将刁家数百人满门抄斩，后来干脆篡位，灭晋建宋。陶渊明曾四隐四出，因家里实在太穷，无力养活六个孩子，公元405年时他不得已便第五次出山，当了彭泽县令。这更让他近距离看透了政治。东晋从377年起实行“口税法”，即按人口收税，每人每年缴米三石。但有权有势的大户人家纷纷隐瞒人口，国家收不到税，就抬高收税标准，每人五石。恶性循环的结果是小民的负担更重，纷纷逃亡藏匿，国库更空。陶一上任，就在自己从政的小舞台上大刀阔斧地搞改革，他从清查户籍入手，先拿本县一户何姓大地主开刀。何家有成年男丁200人，却每年只缴20人的税。何家有人在郡里当官，历任县令都不敢动他一根毫毛。陶是个知识分子，骨子里是心忧国家，要踏破不平救黎民、治天下，年轻时他就曾一人仗剑游四方。你看他的诗“刑天舞干戚，猛志固长在”，“君子死知己，提剑出燕京”，他绝不只是一个东篱采菊人。所以鲁迅说陶渊明除了“静穆”之外，还有“金刚怒目”的一面。一时彭泽县里削富济贫、充实国库的政改实验搞得轰轰烈烈。正是：

> 莫谓我隐伴菊眠，半醉半醒酒半酣。
> 翻身一怒虎啸川，秀才出手乾坤转！

但是上层整整的一个利益集团已经形成，哪能容得他这个书生“刑天舞干戚”来撼动呢？邪恶对付光明自然有一套潜规则。当年，干部考察时何家买通“督邮”（监察和考核官员政绩的官员）来找麻烦。部下告诉陶，按惯例这时都要行贿，给点好处。陶渊明大怒：安能为五斗米折腰！连夜罢官而去。回家之后便写了那篇著名的《归去来兮辞》：回去吧，故乡的田园就要荒芜了，为什么还不快回呢？让我的心灵受这样的折磨，实在不行。……这个世道与我不合，还出去干什么呢？（“归去来兮，田园将芜，胡不归？既自以心为形役，奚惆怅而独悲。……世与我而相违，复驾言兮焉求？”）这次出去为官对他刺激太大了，他对官府、对这个制度已经绝望。他向往尧舜时那种人与人之间平等、和谐的生活，向往《山海经》里的神仙世界，向往古代隐士的超尘绝世。此后，他就这样一直在乡下读书、思考、种地。终于在他弃彭泽县令回家 16 年之后，写成了这篇 300 余字的《桃花源记》。作者纵有万般忧怨压于心底，却化作千树桃花昭示未来，虽是政治文字却不焦不躁、不偏不激，于淡淡的写景叙事中，铺排出热烈的治国理想，这种用文学翻译政治的功夫真令人叫绝。但这时离他去世只剩下 6 年了，这篇政治美文可以说是他一生观察、思考的结晶，是他思想和艺术的顶峰。历史竟是这样的相似，陶渊明五仕五隐，范仲淹四起四落。范仲淹写成那篇著名的政治美文《岳阳楼记》时，离去世也只剩 6 年。这两篇政治美文都是作者在生命的末期总其一生之跌宕、积其一生之情思，发出的灿烂之光。不过范文是正统的儒家治国之道，提出了一个政治家的个人行为准则；陶文却本老子的无为而治，给出了一幅幸福社会的蓝图。

陶渊明是用文学来翻译政治的。在《桃花源记》中他塑造了这样一个理想的社会：土地平旷，屋舍俨然，良田美地，往来耕作，鸡犬相闻，黄发垂髫，怡然自乐。这是一个自自在在的社会，一种轻轻松松的生活，人人干着自己喜欢的工作。在这里没有阶级，没有欺诈，没有剥削，没有烦恼。人与人和谐，人与自然和谐。这是什么？这简直就是共产主义。陶渊明是在晋太元年间（376—396）说这个话的，比《共产党宣言》的发表（1848年）还早1 400多年呢。只是有那么一点点影子，我们就称它为“桃源主义”吧。但他确实是开了政治幻想的先河。当政治家们为怎样治国争论不休时，作为文学家的陶渊明却轻轻叹了一声：“不如不治。”然后他就提笔濡墨，描绘了一幅桃花源图。这正如五祖门下的几个佛家大弟子为怎样克服人生烦恼争论不休时，当时还是个打杂小和尚的六祖却在一旁叹道：“菩提本无树，明镜亦非台，本来无一物，何处惹尘埃。”人性本自由，劳动最可爱，本来无阶级，平等最应该。不是政治家的陶渊明走的就是这种釜底抽薪的路子。

陶之后1 200年，欧洲出现了空想社会主义。而且巧得很，也是用文学作品来表达未来社会的蓝图，但不是散文，是两本小说，在社会发展史和世界文化史上影响极大（所以《桃花源记》也应归入政治文献而不只应存在于文学史中）。这就是1516年英国人莫尔出版的《乌托邦》和1637年意大利人康帕内拉出版的《太阳城》。甚至这两本书的构思手法与《桃花源记》也惊人地相似。陶渊明是假设打鱼人误入桃花源，而《乌托邦》是写一个探险家在南美误登上一孤悬海中的小岛。岛上绿草如茵，四周波平浪静。街上灯火辉煌，家家门前有花园。每个街区都有公共食堂，供人免费取食。个人所用的物品都可到公共仓库任意领取，并无人借机多占。更奇的是，探险家被邀参加一个订婚仪式，男女新人都要脱光衣服，让对方检验身体有无毛病，然后订约。其道德清纯、诚实高尚若此。探险家在这里生活了五年，离开后将此事传于世人，就如武陵人讲桃花源中事。《乌托邦》成书后顷刻间风靡欧洲，被译成多种文字，传遍世界。中国近代翻译家严复也把它介绍到了中国。

英国空想社会主义者莫尔

1637年，意大利人康帕内拉出版了一本书《太阳城》。很巧，还是陶渊明的手法。一个水手在印度洋遇险上岸，穿过森林进到一座城堡，内外七层，街道平整，宫殿华丽，居民身体健康，风度高雅，衣食无忧。在这个城市里没有私产，实行供给制。服装统一制作，按四季更换。每日晨起，一声长号，击鼓升旗，大家都到田里劳动。没有工农之分，没有商品交换，没有货币。孩子两岁后即离开父母交由公家培养。总之一切都是公有，需求由政府实施分配。甚至婚姻也是政府考虑到后代的优生而搭配，靓男配美女，胖男配瘦女。又是那个水手归来“海外谈瀛洲”，如同武陵人讲桃花源。这本书同样传遍世界，是空想社会主义的又一个里程碑。就幻想理想社会类的文学作品而论，有三大里程碑：《桃花源记》《乌托邦》《太阳城》。桃园三结义，陶渊明是老大。

为了追求真实的桃花源，除出书外，还有人身体力行地去实验。1825 年，英国人欧文用 15 万美元在美国买了一块地，办起一个“新和谐公社”。这公社规划得十分理想，有农田、工场、住宅、学校、医院。公社成员一律平等，也是吹号起床，集体劳动，吃公共食堂。没有交换，没有货币。算是一个西洋版的“桃花源”。可惜这个公社来得实在太早，与时下的生产力水平、道德标准相差太远。墙内清贫而浪漫的生活，抵挡不住墙外资本主义金钱、名利的诱惑，维持了两年，实验宣告失败。

但是人们心中那盏理想的明灯总是在轻轻闪烁，在西方这种实验一直顽强地延续着。今天，英国查尔斯王子在一个叫庞德里的小城，也搞了一个“小国寡民”的建设，400 户人家，全部环保建材，绿荫小街，各家一色的院落，无汽车之喧嚣，无贫富之悬殊。

桃花源在中国人的心里更是根深蒂固，那个美丽的梦也总是挥之不去。1958 年在这个人口众多的国度开始了一场人民公社大实验，吃饭不要钱，一如《乌托邦》和“新和谐公社”里的情景，但同欧文的实验一样也失败了。可是实验并没有停止。人民公社体制在全国正式取消后，个别生产力（财富）和精神文明（觉悟）发达的集体仍在坚持着“共产”模式。如河南的南街村，到今天仍是吃饭不要钱。各家用多少米面，到库房里随便领取。那次参观时我奇怪地问：“有人多领怎么办？”“领多了，吃不了，也没用。”“如果他送给外村的亲戚呢？”“相信他的觉悟。”财富加觉悟，这真是一个现代版的桃花源，微型的共产主义。

空想虽然空洞一些，但思想解放就是力量。无论是一个人还是一个社会，如果没有幻想，就会静止，就会死亡。许多时候，都是有理想的人比没有理想的人有更多机遇、更多快乐。正如人们总是想象能像鸟一样飞翔，于是有了仿生学，发明了飞机。陶渊明提出了一个大问题，有理想比没有理想好，生比死好，善比恶好，爱比恨好，光明比黑暗好，有追求比没有追求好。自陶渊明之后，这种对未来社会的想象从来没有停止过。到马克思那里终于产生了科学社会主义。《共产党宣言》预言未来的理想社会是“自由人联合体”。没有阶级，没有剥削，没有贫富差别，没有尔虞我诈，大家自由地联合在一起。恩格斯给出的蓝图是：“这种制度将给所有的人提供健康而有益的工作，给所有的人提供充裕的物质生活和闲暇时间，给所有的人提供真正的充分的自由。”你看这不就是桃花源中人吗？不过“科学”比“空想”的进步在于，它明确指出这种社会当下不可能实现，要经过一个非常漫长的阶段，马克思和恩格斯告诉人们千万不能心急。

就主体来说，陶渊明是诗人而不是政治家、思想家，他只是以憧憬的心情写了一篇短文。武陵人误入桃花源，陶渊明误入了政治思想界。他万万没有想到他的幻想竟引来了这么多的实验版本。有学者说，如果没有“乌托邦”，社会进步将会停止。物理学分为理论物理与实验物理，一个理论物理学家的假说够数百个实验物理学家去求证上百年。从爱因斯坦提出相对论到第一颗原子弹爆炸就用了 40 年。而一个新社会从假说到实现肯定要百倍、千倍地多于这个时间。相比于政治和哲学，文学更富有想象力，陶渊明的桃花源足够后人一代一代地去寻找、评说。

二、桃花源在哪里

中国文学史上有许多的游记名篇，也造就了许多的山水品牌，成了今天旅游的新卖点。但让人吃惊的是，一个虚构的桃花源却盖过了所有的真山水，弄得国内只要稍微有一点姿色的风景，就去打桃花源的牌子，硬贴软靠，甚至争风吃醋，莫辨真伪。北至山西、河北，南到广西、台湾，处处自诩桃花源，人人争当武陵人。只我亲身游历过的“桃花源”就不下几十处，遍布大半个中国。是花还是非花，也无人“去从叫真”。但正是这似与不似之间，哪一处也比不上幻想中的桃花源，而那些著名游记又无论如何也不能与《桃花源记》等身。就连最有名的《小石潭记》中所说的“小石潭”，现在也只不过是柳州的一个废土坑而已，也未见有哪个地方去与之争版权、争冠名。桃花源成了风景的偶像。何方化作身千亿，一处山水一桃源，陶渊明用什么魔法将这桃花源的基因遍洒中华大地，遗传千年，繁衍不息？

凡偶像都代表一种精神，而精神的东西是既无形又可幻化为万形的。陶渊明笔下的桃花源是一处风景，但绝不是单纯的风景，它是为审美的汁液所浸泡，又为理想的光环所笼罩着的山水。美好的事物谁不向往？正如地球上无论东西方都有空想社会主义的模式；在中国无论东西南北，都能按图索骥找到“桃花源”。桃花源不是小石潭，不是滕王阁，不是月下的赤壁，也不是雨中的西湖。它是神秘山口中放出的一束佛光，是这佛光幻化的海市蜃楼，这里桃林夹岸，“中无杂树，芳草鲜美，落英缤纷”。《桃花源记》是一个多棱镜，能折射出每一个人心中的桃花源，而每一个桃花源里都有陶渊明的影子，一处桃源一陶翁。

我见到的第一个桃花源是在福建武夷山区。从福州出发北上，过永安县，车停路边，有指路牌：桃花源。我说这柏油马路一条，石山一座，怎么是桃花源？主人说不急，先请下车。行几百米，果见一河，溯流而上，渐行渐深，林木葱茏，繁花似锦，两山夹岸，绿风荡漾，胸爽如洗。而半山腰庙宇民房，红墙绿瓦，飘于树梢之上，疑是仙境。折而右行，半壁之上突现一岩缝，竟容一人，曰“一线天”。我从缝中望去，山那边蓝天白云，往来如鹤。因为要赶路，我们不能如武陵人“舍船，从口入”了，但我相信穿过一线天，那边定有一个桃花源。

再沿路北上就是著名的武夷山。山之有名，因二。一是通体暗红，山崖如血，属典型的丹霞地貌；二是环山有溪水绕过，作九折之状，即著名的“武夷九曲”。想不到在这景区深处却还另藏着一个小“桃花源”。当游人气喘吁吁地翻过名为“天游”的石山顶，自天而降，或溯流而上，游完九曲，弃筏登岸时，身已累极，心乏神疲，忽眼前一亮见一竹篱小墙。穿过篱笆小门，地敞为坪，青草如茵，草坪尽处一泓碧水如镜，整座红色的山崖倒映其中，绿树四合，凉风拂衣，汗热顿消。正是陶诗所描绘的“蔼蔼堂前林，中夏贮清阴。凯风因时来，回飙开我襟”的意境。这时席地而坐，仰望“天游”之顶，见人小如蚁，缘壁而行；俯视池水之中，蓝天白云，悠然自得。草坪上散摆着些茶桌，武夷山的“大红袍”海内知名。你在这里尽可细品杯中乾坤，把玩手中岁月。那天我正低头品茗，忽听有人呼唤，隔数桌之外走过一人，原来是十多年未见的一位南海边的朋友，在此不期相遇。我们相抱而呼，以茶代酒，痛饮一番。我一面感叹世界之小，又更觉这桃花源之妙，它真是一个可暗通今昔的时光隧道。光阴者百代之过客，这武夷山里不知过往了多少名人，朱熹就是从这里走出去开创了他的哲学流派，我怀疑他“半亩方塘一鉴开，天光云影共徘徊。问渠哪得清如许，为有源头活水来”的名句，就是取自这个意境。明代大将军戚继光在南方抗倭之后又被调到北方修长城，曾路过此地，在这里照影洗尘，竟激动得不想离去。他赋诗道："一剑横空星斗寒，甫随平虏复征蛮。他年觅取封侯印，愿与君王换此山。"而陆游、辛弃疾在不得志之时，甚至还在这里任过守山的官职。朱、戚、陆、辛都是中国历史上首屈一指的人物。他们在绚烂过后更想要平淡，要做陶渊明，做一个桃花源中人。辛词写道："今宵依旧醉中行。试寻残菊处，中路候渊明。"

湖南桃花源风景区

我看到的第二处桃花源是湖南桃源县的桃源洞。一般认为这处景观最接近正宗的桃花源，况且国内毕竟也就只有这一个以桃源命名的县。这里除山水幽静外更多了一分文化的积淀。史上多有文人来此凭吊，孟浩然、李白、韩愈、苏轼等人都留有诗作。由此可见桃花源早已不是一个风景概念，而是一种文化现象了。

我印象最深的是这里刻于石碑上的一首回文诗：

牛郎织女会佳期，月底弹琴又赋诗。
寺静惟闻钟鼓响（響），音停始觉星斗移。
多少黄冠归道观，见几而作尽忘机。
几时得到桃源洞，同彼仙人下象棋。

一般的回文诗是下句首字套用上句的末一个字，这在修辞学上叫“顶真”格。而这首诗是从上字中拆出半个字来起写下句，这样的“顶真”就更难。接着还有一个更难的动作，刻碑时第一字不从右上起，而是中心开花，向外旋转，到最后一字收尾，正好成方：

```
机→时→得→到→桃→源→洞
↑　　　　　　　　　　　↓
忘　钟→鼓→響→停→始　彼
↑　↑　　　　　　　↓　↓
尽　闻　会→佳→期　觉　仙
↑　↑　↑　　　↓　↓　↓
作　惟　女　牛　底　星　人
↑　↑　↑　↓　↓　↓　↓
而　静　织←郎　弹　斗　下
↑　↑　　　　　↓　↓　↓
几　诗←赋←又←琴　移　象
↑　　　　　　　　　↓　↓
观←道←归←冠←黄←少　棋
```

这样的挖空心思，说明后人对桃花源题材是多么的喜爱。而小石潭、赤壁，就是连现代朱自清笔下的荷花塘也没有这样的殊荣呀！陶渊明所创造的“桃花源”实在是一个忘却时空、成仙成道的境界，比《乌托邦》《太阳城》多了几分审美，比《小石潭记》《赤壁赋》又多了几分理想。

那天我不觉技痒，也仿其格填了一首回文诗（比原式更苛求一点，也连首尾都半字相咬）：

因曾数读《桃花源》，
原知诗人梦秦汉。
又来桃源寻旧梦，
夕阳压山柳如烟。

我看到的第三处桃花源是在湖北恩施。这里是湘、鄂、黔交界的武陵山区。陶渊明是今江西九江市西南人，其活动区域不会到过这一带。但阴差阳错，这山却名“武陵”，而《桃花源记》正好说的是武陵人的事。当地人以此附比桃花源也算言之有据，比别处更多一点骄傲。况且，这里地处偏远，至今还保有极浓的世外桃源的味道。

1994年6月作者在武陵山区寻访桃花源途中

武陵山区多洞，这洞大得让你不敢去想，一个洞就能开进一架直升机，而洞深几许到现在也没有探出个所以。这比陶渊明说的“桃林夹岸，山有小口，豁然开朗”更要神秘。那天我们就在山洞里的一个千人大剧场看了一台现代武陵人的歌舞演出，真是恍若隔世，不知梦在何处。

最动人的是情歌演唱。男女歌手分别站在舞台两侧的两个山头上（请注意，洞里还有山）引吭高歌：

女：郎在高坡放早牛，
　　妹在院中梳早头。
　　郎在高坡招招手，
　　妹在院中点点头。
男：太阳一出红似火，
　　晒得小妹无处躲。
　　郎我心中实难过，
　　送顶草帽你戴着。

你看男子心疼他心爱的女子，恨不能立即送去一顶遮阳的草帽。楚人是善于歌颂爱情或者借爱情说事的，从屈原始，古今亦然。陶渊明的楚文化背景很深。这让我立即想起他的《闲情赋》：

……愿在衣而为领，承华首之余芳；悲罗襟之宵离，怨秋夜之未央！愿在裳而为带，束窈窕之纤身；嗟温凉之异气，或脱故而服新！愿在发而为泽，刷玄鬓于颓肩；悲佳人之屡沐，从白水而枯煎！……愿在竹而为扇，含凄飙于柔握；悲白露之晨零，顾襟袖以缅邈！愿在木而为桐，作膝上之鸣琴；悲乐极而哀来，终推我而辍音！……

（……我愿做她的衣领，以闻到她颈上的芳香，可惜就寝时，衣服总要被弃置一旁；我愿做她的衣带，终日系于她的腰间，可惜换装时，衣带被解下，又有暂别的忧伤；我愿做一滴发乳，涂在她的黑发上，可她总要洗发，我又会受到冲洗的熬煎；……我愿做一把竹扇，让她握于手上，凉风送爽，可秋天来临，还是难免有离去的凄凉；我愿做一株桐木，制成一把她膝上鸣琴，可她也有悲伤的时候，会推开我不再奏弹。……）

那天的表演还有哭嫁歌。婚嫁本是喜事，但女儿出嫁要哭，大哭，不舍爹娘，不舍闺友，大骂媒婆。哭，且能成歌，有腔有调，有情有韵。艺术这种东西真是无孔不入，喜怒哀乐都有美，悲欢离合都是歌。但是这歌和大城市里舞台上那些尖嗓子、哑喉咙、扭屁股、声光电的歌不一样，这是桃花源中的歌，是在武陵山中的时光隧道中听到的秦汉韵、魏晋声啊。

那天演的又有丧葬歌。人之大悲莫过于死，但这么悲伤的事却用唱歌来表达。当地风俗“谁家昨日添新鬼，一夜歌声到天明”。你看那个主唱的男子，击鼓为拍，踏歌而舞，众人起身而合，袖之飘兮，足之蹈兮，十分地洒脱。生死有命，回归自然，一种多么伟大的达观，仿佛到了一个生死无界、喜乐无忧的神仙境界。这远胜于现代都市里作秀式的告别仪式、追悼大会。在歌声中我听到了 1 500 年前陶渊明那首自己拟的《挽歌》：“荒草何茫茫，白杨亦萧萧。严霜九月中，送我出远郊。”“千秋万岁后，谁知荣与辱。但恨在世时，饮酒不得足。”武陵人这洒脱的《丧歌》，那源头竟是陶公的《挽歌》啊！你不得不承认这山洞里的桃源世界确实还在继续着陶渊明所创造的那个生命境界和审美意境。还有一种原始的茅谷斯舞蹈，舞者全身紧裹稻草，男子两腿间挂着象征阳物的装饰，甩来摆去，癫狂起舞，表达的是自然崇拜与生殖崇拜。这种纯朴只有在这深幽的山洞里才能见到，这时你已完全忘了山外的高楼大厦、车水马龙、电脑网络、反恐战争、股票期货，真的不知今宵何夕、身在何处了。

一连几天我就在这深山里转，感受这歌声、这舞蹈，还有这米酒。这里喝酒也是桃花源式，是在别处从没有见过的。喝时要唱、要喊、要舞，喝到高兴处还要摔酒碗。双手过头，一饮而尽，然后“啪”的一声，满地瓷片，当然摔的是那种很便宜的陶瓷碗。这正是陶渊明《杂诗》与《饮酒》诗的意境：“得欢当作乐，斗酒聚比邻”，“忽与一觞酒，日夕欢相持”，“若夫不快饮，空负头上巾”。历史越千年，风物亦然。

一日，喝罢酒，我们去游一个叫“四洞峡”的地方，那又是一处桃花源了。离开公路，夹岸数步，人就落入一个大峡谷中。头上奇树蔽日，脚下湍流漱石。平时在城里花盆中才能见到的杜鹃花，这里长成了合抱之粗的大树，花大如盘，洁白如雪。一种金色的不老兰，攀于岩上，遍洒峡中，灿若繁星。古藤缠树，树树翠帘倒挂；香茅牵衣，依依不叫人行。许多草木都见所未见，闻所未闻。一种铁匠树，木极硬，木工工具对付不了它，要用铁匠工具才能加工，因有此名。其木放入炉中，如炭一样一晚不灭。一种似草似灌木的植物，杆子肥肥胖胖，就名“胖婆娘的腿”。真是目不暇接。走着走着，这一路风景突然没入一个悠长的石洞，瞬间一片幽暗，不见天日，唯闻流水潺潺，暗香浮动。我们扶杖踏石，缘壁而行，大气也不敢出一口，仿佛真的要走回到秦汉去，也不知这样如履薄冰行了几时，忽又见天日重回到了人间。忽明忽暗，穿峡过洞，如是者四次，是为“四洞峡”。到最后一个石洞的出口处，有巨石如人头，传说是远古时一将军在此守洞，慢慢石化。石壁上长有一株手腕粗的黄杨木，却言已有八百年。据说这种树平时正常生长，而每逢有闰月就又往回缩，它竟能自由地挪动时空。现代物理学已有一种“虫洞”假说，人们可轻易穿越时空回到过去，而桃花源中的植物竟然早已有了这种本事。我回望洞口，看着这石将军、这黄杨树，浮想联翩。当年陶渊明由晋而返秦，我们现在莫不是返回到了东晋？

出峡之时已近黄昏，主人请我们参观他们的万亩桃林。这里乡民以种桃为生已不知起于何年。近年来为了进一步富民，政府又请专家指导，搞了一项万亩桃园工程，好大的规模，放眼望去漫山遍野全是桃树。正是开花季节，晚照中红浪滚滚，一直铺向天边，只间或露出些道路、谷场，或农家的青瓦粉墙。我们随意选了一处半山腰的“农家乐”，在院子里摆桌吃饭。席间仍是要喝米酒，唱古老的歌，摔酒碗。主人对我们这些山外来人更是十分的亲热。有如《桃花源记》所言：“见渔人，乃大惊，问所从来，具答之。便要还家，设酒杀鸡作食。”又如陶诗：“落地为兄弟，何必骨肉亲！得欢便作乐，斗酒聚比邻。”他们也不知道什么戚继光曾经要用功名换山水，更不会去作什么回文诗。但他们知道这里就是桃花源，是他们的家，祖祖辈辈都这样简简单单地生活着。

桃花源不只是风景，而是一种生活符号，一种文化标记。

三、心中的桃花源

陶渊明为晋代柴桑人，即现在的江西省九江市一带。九江我是去过的，这次为写这篇文章又重去该地寻找感觉。结果这感觉真的让我大吃一惊。在陶渊明纪念馆，我看到了许多历代各地甚至还有国外对他的研究资料及出版的各种书刊。像东北鞍山这样远、这样小的地方都有陶学的研究团体，而2011年的全国陶学年会是在内蒙古召开的。日本亦有专门的陶学社团。一本专刊上这样说：“渊明文学在日本的流传，不论时光如何流逝，人们对他恬淡高洁的人格的憧憬，对其诗文的热爱从未中断。”而更未想到的是陶渊明的墓是在一座部队的营房后，官兵们用平时节约下来的经费将其修葺、保护得十分完美。我们登上营房后的小山，香樟、桂花、茶树等江南名木掩映着一座青石古墓，墓的四角，四株合抱粗的油松皮红叶绿，直冲云天。只看这树就知这墓在数百年之上。陶卒于乱世，其墓本无可考，元代时大水在这附近冲出一块记载陶事的石碑，官民喜而存之，因碑起墓，代代飨祭。现在这个墓是部队在2003年重修，并立碑记其事。一个诗人，一个逝去了1 500多年的古人怎么会引起这么广泛、久远的共鸣呢?

（明）仇英《桃源仙境图》

陶渊明的《桃花源记》确

是以艺术的魅力激起了我们千百年来对理想社会和美好山水的不断追求。但更有普世价值的是他设计出了一个人的心理的最佳状态，这就是以不变应万变，永是平和自然，永葆一颗平常心。他以亲身的实践证明了这一点，接着又用自己的作品定格、升华、传递了这种感觉。他在我们每个人的心里都埋下了一粒桃花源的种子，无论如何斗转星移、岁月更换，后人只要一读陶诗、陶文，就心生桃花，暖意融融，悠然自悟，妙不可言。当代德国著名哲学家海德格尔认为，哲学家应该具有诗人的思维，他说哲学最好的表达方式是诗歌。陶渊明已经做到了这一点，他始终是用诗歌来表现人生。

人生在世有三样东西绕不过去。一是谁能没有挫折坎坷；二是辉煌终会逝去，没有不散的宴席；三是人总要死去，总要离开这个世界。与这三样东西相对应的心境是灰心、失落与恐惧。怎样面对“绕不过去”的难题，克服人精神上的消极面，让每一天都过得快活一些，对此不知有多少思想家、宗教徒都在做着不尽的探索。过去关于奋斗、修养的书不知几多，现在“励志”类的书又满街满巷，而所谓“修养”，已经滑进了“厚黑”的死胡同。而就是励志、奋斗、成功之后，人还是绕不开这三点。你看现实生活中有的人生活并没有到谷底，甚至还有几分殷实小康，但还在没完没了地嫉妒、哭穷、诉苦、牢骚；有的人已身居高位，还在贪婪、虚荣、邀功；有的人已退出官场，还在回头、恋权、恋名，苦心安排身后事。陶渊明官也做过，民也当过；富也富过，穷也穷过；也曾顺利，也曾坎坷，但上述毛病他一点也没有。他学儒、学道、学佛，又非儒、非道、非佛，而求静、求真、求我，从思想到实践较好地回答了人生修养这个难题。

陶渊明生活在一个不幸的时代，军阀混战，政权更迭，民不聊生。他虽也做过几次官，但“不愿为五斗米折腰”，归隐回乡，日子过得紧紧巴巴。为避战乱他曾两次逃难，仇家一把火又将他可怜的家产烧了个精光。但在他的诗文中却找不到杜甫“亲朋无一字，老病有孤舟”式的哀叹。反倒常是一种“采菊东篱下，悠然见南山”的恬静。这是一种境界，一种回归，回归自然，回归自我，不为权、财、名所累，永葆一颗平常心的境界。他为官时不为五斗米折腰，不丢人格；穷困时安贫知足，不发牢骚，不和自己过不去。也就是《桃花源记》里说的“黄发垂髫，并怡然自乐”。我们没有理由责备陶渊明为什么不像白居易那样去写《卖炭翁》，不像陆游那样去写“铁马秋风大散关”，不像辛弃疾那样“把栏杆拍遍”。陶所处的时代没有辛弃疾、岳飞那样尖锐的民族矛盾，他也未能像魏徵、范仲淹那样身处于高层政治的旋涡之中。存在决定意识，各人有各人的历史定位。陶渊明所处的时代背景就是一个“乱”字，世乱如倾，政乱如粥，心乱如麻。他的贡献是于乱世、乱政、乱象之中在人的心灵深处开发出了一块恬静的心田。“结庐在人境，而无车马喧。问君何能尔？心远地自偏。采菊东篱下，悠然见南山。”

陶渊明一生大多身处逆境，但他却永是开朗。不是说这逆境不存在，而是他能精神变物质，逆来顺推，化烦躁为平和。他以太极手段，四两拨千斤，将愁苦从心头轻轻化去，让苦难不再发酵放大，或干脆就转而发酵为一坛美酒。马克思说，受难使人思考，思考使人受难。世上总有不平事，尤其是爱思考的知识分子，世有多大，心有多忧，忧便有苦，苦则要学会排解。陶渊明对辞官后的农耕生活要求并不高：“岂期过满腹，但愿饱粳粮。御冬足大布，粗絺已应阳。”粗布淡饭而已。但他却从这种清苦中找到精神上的寄托和审美的享受。“耕种有时息，行者无问津。日入相与归，壶浆劳近邻。长吟掩柴门，聊为陇亩民。”

陶渊明也不是没有做过官，但他不把做官当饭吃，他一生五隐五出，那官场的生活只不过是他的人生实验。他对当时的朝廷也曾是有过一点忠心的，甚至对晋王朝还有眷恋。晋亡后，他写诗就从不署新朝的年号。但是他把人格看得比政治要重。不为五斗米折腰，不看人的脸色。政治生活一旦妨碍了他的人性自由，就宁可回家。他高唱着：“归去来兮，田园将芜，胡不归？既自以心为形役，奚惆怅而独悲。悟已往之不谏，知来者之可追。实迷途其未远，觉今是而昨非。舟遥遥以轻飏，风飘飘而吹衣。”何等痛快。朱熹评陶渊明说：“晋宋人物，虽曰尚清高，然个个要官职。这边一面清谈，那边一面招权纳货。陶渊明真个能不要，此所以高于晋宋人物。”他岂但只高于晋宋人物，也远高于现代的许多跑官要官、贪财受贿、争权夺利、图名好虚之人。

陶渊明对死亡的思考更是彻底，并有一种另类的美感。他说：“有生必有死，早终非命促。……千秋万岁后，谁知荣与辱。”“死去何所道，托体同山阿。”“自古皆有没，何人得灵长？不死复不死，万岁如平常。”人总有一死，何必叹什么命长命短，操心什么死后的荣誉。如果一个人总是不死，那生和死又有什么区别？这种彻底的唯物主义真让我们吃惊。正因为有这种生死观他从不要什么虚荣，没有一点浮躁，更不会如今人，非要生前争什么镜头、版面，死后留什么传记、文选。

龚自珍说：“陶潜酷似卧龙豪，万古浔阳松菊高。莫信诗人竟平淡，二分梁甫一分骚。”梁启超说：“这位先生身份太高了，原来用不着我恭维。”说是不用“恭维”，但历来研究、赞美他的人实在太多。他的思想确实影响了一代又一代的人，他的这种达观精神几乎成了后人处世的楷模。如果你翻开陶之后的历史画卷，就会发现无数伟人、名人与他都有共鸣，这些人可都是中国历史上的群山高峰啊。于是我们就会发现一股从遥远的桃花源深处发出的雷鸣，在历史的大峡谷中，滚滚回荡，隐隐不绝。李白算是中国古代诗人的高峰了，被尊为诗仙，但他对陶是何等的敬仰：“梦见五柳枝，已堪挂马鞭。何日到彭泽，长歌陶令前。”他梦见了陶公门前的五柳树，要到彭泽去与他狂歌。白居易曾被贬为江州司马，离陶的家乡不远，他在任上时陶诗不离手：“亭上独吟罢，眼前无事时。数峰太白雪，一卷陶潜诗。”苏东坡曾被发配在偏远的海南，他身处逆境时是把陶渊明当老师才渡过困境的：“吾于诗人无所甚好，独好渊明之诗。渊明作诗不多，然其诗质而实绮，癯而实腴，自曹、刘、鲍、谢、李、杜诸人，皆莫及也。”他把陶放在曹植、李白、杜甫之上，而且居然把陶诗逐一和了一遍，这恐怕主要是精神上的相通。现代人中，毛泽东也有陶渊明情结。他一生轰轰烈烈，但晚年多次谈到想放浪形骸，寄情山水，去做徐霞客，或者去当一名教书先生。他上庐山，山下的九江就是陶渊明的家乡，于是赋诗：“一

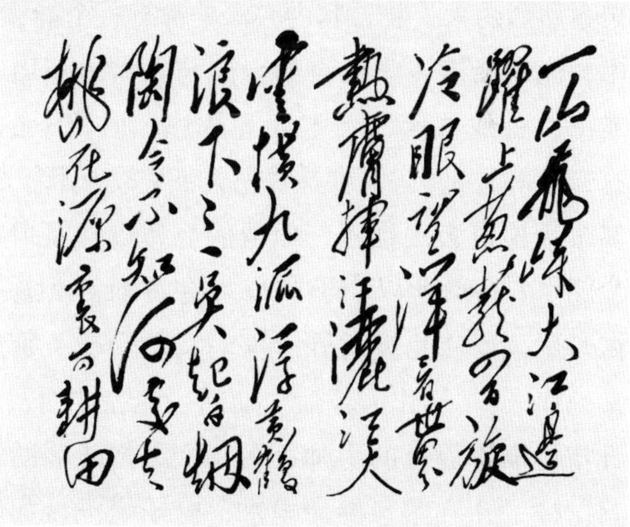

毛泽东手书《七津·登庐山》

山飞峙大江边，跃上葱茏四百旋。冷眼向洋看世界，热风吹雨洒江天。云横九派浮黄鹤，浪下三吴起白烟。陶令不知何处去，桃花源里可耕田？”

庄子说：“内贤而外王。”事业是皮毛，心灵的自由才是人的终极追求。魏晋人追求的大概就是这个风度，所谓：“居官无官官之事，处事无事事之心。”亦即陶渊明说的不要让心情为外形所役使（既以心为形役）。翻阅史书，我们发现凡真正建功立业、轰轰烈烈的大人物，其内心深处都有一个静谧的桃花源，能隐能出，能动能静，收放自如。诸葛亮六出祁山，七擒孟获，火烧赤壁，舌战群儒，一生何等辉煌，但留下的格言是：“淡泊明志，宁静致远。”范仲淹“先天下之忧而忧，后天下之乐而乐”，其政治抱负多么强烈，但他的心理支柱是“不以物喜，不以己悲”。辛弃疾晚年写词：“岁岁有黄菊，千载一东篱……都把轩窗写遍，要使儿童诵得，《归去来兮辞》。”邓小平是继毛之后的又一伟人，“文化大革命”期间，他在江西被软禁三年。这个昔日指挥淮海战役的主帅，在一个绿树砖墙的小院里，养了几只鸡，种了几垅菜，挑粪担水，劈柴烧火，如陶渊明那样“带月荷锄”“守拙归园”。后来毛要他出山，他说，我是桃花源中人，只知秦汉，不识晋魏。但正是这种能伸能屈的淡定，让他后来一出山就带来国家民族的中兴。而事成之后他却淡淡地说了一句：“我无大志，只愿国家富裕，我做一个富国的公民就行。”他要归去。

陶渊明不是政治家，却勾勒出一个理想社会，让人们不断地去追求；他不是专门的游记作家，却描绘了一幅最美的山水图，让人们不断地去寻找；他不是专门的哲学家，却给出了人生智慧，设计了一种最好的心态，让人们去解脱。如果真要说专业的话，陶渊明只是一个诗人，他开创了田园诗派，用美来净化人们的心灵。中外文学史上从来没有哪一位诗人能像他这样创造了一个社会模式、一种山水布景、一种人生哲学，深深地植根在后人的心中，让人不断地去追寻。

2011 年 11 月 12 日

好文章是怎样写成的

——《岳阳楼记》解读

文章是思想的载体、艺术的表现。我向来主张文章为思想而写，为美而写。当然，读文章也应从这两方面来读。如果让我在古今文章中选出一篇最好的，只许忍痛选一篇，那就是范仲淹的《岳阳楼记》。

千百年来，中国知识界流传一句话：不读《出师表》，不知何为忠；不读《陈情表》，不知何为孝。忠孝是封建道德标准。随着历史进入现代社会，这两“表”的影响力已在逐渐减弱，特别是《陈情表》，已鲜为人知。但有一个奇怪的现象，同样产生于封建时代的《岳阳楼记》却丝毫没有因历史的变迁而被冷落、淘汰，相反，它如一棵千年古槐，历经岁月的沧桑，愈显其旺盛的生命力。北宋之后，论朝代，已经南宋、元、明、清、民国及中华人民共和国等六代的更迭；论社会形态，也经封建主义、民主主义、社会主义三世的冲击。但它穿云破雾，历久弥新。呜呼，以一文之力能抗六代之易、三世之变，以传统的文字能表达一种跨越时空的思想，上下千年，唯此一文。

一、文章达到的“三境之美”

1. 一文、二为、三境、五诀

这篇文章到底好在什么地方？在下评语前，我们不妨先探究一下好文章的标准，概括地说可以叫作“一文、二为、三境、五诀”。“一文”是指文采。首先你要明白，你是在做文章，不是写应用文、写公文。文者，纹也，花纹之谓；章者，章法。文章是一门以文字为对象的形式艺术，它要遵循形式美的法则，并通过这个法则表达作者的精神美。“二为”是写文章的目的，一是为思想而写，二是为美而写。文章既要有思想，又要有美感；既要有思想价值，又要有审美价值。“三境”是指文章要达到三个层次的美，或曰三个境界。古人论诗词就有境界之说。我现在把境界再细分为三个层次，一是景物之美，描绘出逼真的形象，让人如临其境，谓之形境，类似绘画的写生；二是情感之美，创造一种氛围叫人留恋体味，谓之意境，类似绘画的写意，如徐渭（青藤）；三是哲理之美，说出一个你不得不信的道理，让你心服口服，谓之“理境”，类似绘画的抽象，如毕加索。这三个境界一个比一个高。“五诀”是指要达到这三境的方法，我把它叫作“文章五诀”，即形、事、情、理、典。文中必有具体形象，有可叙之事，有真挚的情感，有深刻的道理，还有可借用的典故知识。这一切，又都得用优美的文字来表达。这就是“一文、二为、三境、五诀”之法。以这个标准来分析《岳阳楼记》，我们就会惊喜地发现它所达到的艺术高度，就不难明白它为什么称得上千古第一美文。

请看全文：

庆历四年春，滕子京谪守巴陵郡。越明年，政通人和，百废具兴。乃重修岳阳楼，增其旧制，刻唐贤、今人诗赋于其上，属予作文以记之。

予观夫巴陵胜状，在洞庭一湖。衔远山，吞长江，浩浩汤汤，横无际涯；朝晖夕阴，气象万千。此则岳阳楼之大观也。前人之述备矣。然则北通巫峡，南极潇湘，迁客骚人，多会于此，览物之情，得无异乎？

若夫霪雨霏霏，连月不开，阴风怒号，浊浪排空，日星隐曜，山岳潜形，商旅不行，樯倾楫摧；薄暮冥冥，虎啸猿啼。登斯楼也，则有去国怀乡，忧谗畏讥，满目萧然，感极而悲者矣。

至若春和景明，波澜不惊，上下天光，一碧万顷，沙鸥翔集，锦鳞游泳，岸芷汀兰，郁郁青青。而或长烟一空，皓月千里，浮光耀金，静影沉璧，渔歌互答，此乐何极！登斯楼也，则有心旷神怡，宠辱皆忘，把酒临风，其喜洋洋者矣。

嗟夫！予尝求古仁人之心，或异二者之为。何哉？不以物喜，不以己悲。居庙堂之高，则忧其民；处江湖之远，则忧其君。是进亦忧，退亦忧。然则何时而乐耶？其必曰："先天下之忧而忧，后天下之乐而乐"欤！噫！微斯人，吾谁与归！

时六年九月十五日。

全文共六个自然段。

第一段叙写这件事的缘起。以事起兴，作为一个引子，用"事"字诀。

第二段描写洞庭湖的气象，铺垫出一个宏大的背景。借山川豪气写忠臣志士之志，用"形"字诀。

第三、四段作者借景抒情，设想了两种"览物之情"，创造出一悲一喜的意境。通过景物描写营造气氛，水到渠成，即用

“形”字诀和“情”字诀，由“形境”过渡到“意境”。连用霪雨、阴风、浊浪、星隐、山潜、商断、船倾、日暮、虎啸、猿啼等十个恐怖的形象，然后推出“去国怀乡，忧谗畏讥，满目萧然，感极而悲”的伤感情境。而后，连用春风、丽日、微波、碧浪、鸟飞、鱼游、芷草、兰花、月色、渔歌等十个美好的形象，推出“心旷神怡，宠辱皆忘，把酒临风，其喜洋洋”的快乐情境。

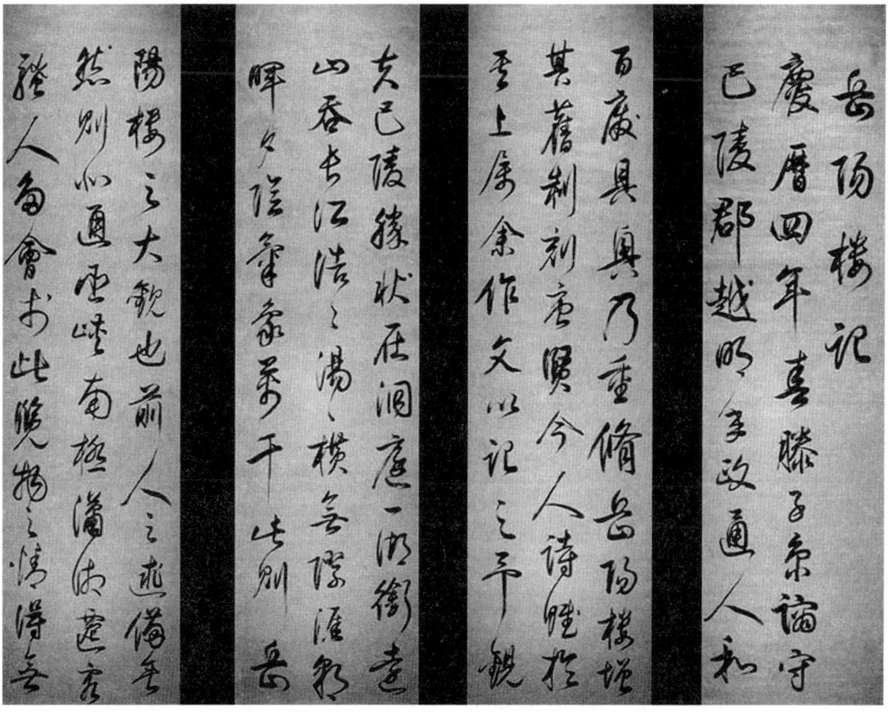

董其昌书《岳阳楼记》

第五段，导出哲理，作者将形和情有意推向理的高度，设问：有没有超出上面那两种的情况呢？有，那就不是一般人，而是“古仁人之心”了。这种人超出物质利益的诱惑，超出个人的私念：在朝为官，不忘百姓；被贬江湖，不忘其君。太平时忧天下，危难时担天下。进也忧，退也忧，那么，什么时候才乐呢？到文章快结束时才推出一声绝响，一个响亮的哲理式结论："先天下之忧而忧，后天下之乐而乐。"做官要做这样的官，做人要做这样的人！用我们现在的话说，就是无私奉献，全心全意为人民服务。用的是"理"字诀。这个道理一下讲透了，这个标准一下管了一千年，而且还要永远管下去！这是文章的高潮、全文的主题，是作者倾其一生悟出的真理，也是他的信念。不管哪个时代、哪个国家，官员都有忠奸、公私、贤愚、勤庸之分。而公而忘私、"先忧后乐"是超时代、超阶段的道德文明、政治文明，是人类共同的、永远的精神财富。范仲淹道出了这种为人为臣的本质的理性的大美，文章就千古不朽了。作者讲完这个结论后，文章又从"理"转移到"情"："噫！微斯人，吾谁与归"，道出一种向往和惆怅。

第六段，不经意间再轻带一笔转回到记"事"："时六年九月十五日"，照应文章的开头，像绕梁的余音。至此，文章的形、事、情、理都有（注意，本文没有用典），形美、意美、理美三个层次皆有，这已到了一个完美的艺术境界。

这篇文章的核心是阐述"先天下之忧而忧，后天下之乐而乐"的道理。但如果作者只说出这一句话、这一个理，就不会有多大的感染效果，那不是文学艺术，而是口号、是社论。好就好在它有形、有景、有情、有人、有物的铺垫，而且全都用优美的文字来表述，用了许多修辞手法。在"理境"之美出现之前，已先收"形境""意境"之效，"三境"之美俱全。再加上贯穿始终的文字之美，算是"四美"了，在内容和形式两方面都分别达到了很难得的高度，借用王勃在《滕王阁序》里的一句话，就是"四美具，二难并"了，是一种高难度的美。

2．文章的两类作者：政治家与文人

虽然我们给出了一个“一文”的要求、“二为”的宗旨、“三境”的标准、“五诀”的方法，但并不是谁人拿去一套就可以写出一篇好文章。就像数学课上，不是老师教给一个公式，人人都能得一百分。这还得有一个艰苦的修炼过程。

凡古今文章，从作者角度分有两大类。一类是文人、专业作家的作品。作者先从文章形式入手，已娴熟地掌握了艺术技巧，然后再努力去修炼思想，充实内容，但无论如何，由于阅历所限，其思想总难拔到多高的境界。就像一个美人，已得先天之美，又想再成就一番英雄业绩，其难也哉！第二类是政治家、思想家之作。这类作者是从思想内容入手。他并不想以文为业，只是由于环境、经历使然，内心积累甚多，如火山之待喷，不吐不快，就借文章的形式表达出来。当然，大部分政治家是写不出好文章的。他们忙于事务，长于公文、讲话、指示等应用文字，不善美文，或者根本就没有修炼到思想的美，很难做到“四美具，二难并”。但也有少数政治家、思想家，或因小时就有文章阅读或写作训练的童子功（如人外表的先天之美），或因政务之余不忘治学（如人形体的后天训练），于是便挟思想之深，又借艺术之美，登上了写作的顶峰。就像一个美女后来又成就了伟功大业，既天生丽质，又惊天动地，百里挑一。中国文学传统很重视这类人的“道德文章”，如古代的贾谊、诸葛亮、魏徵、范仲淹，近代的梁启超，现代的毛泽东等人的文章。这些都是政治家之文，政治家美文是用个性的话说出个性的思想。如果只会用共性的语言说共性的思想，就是官话、套话，有理而无美，这不叫文章，也不可能流传。另一脉，如古代的司马相如、李白、王勃，现代的许多专业作家的“文人文章”。因为文章第一位还是表达思想，“理境”为“三境”中最高之境，所以相对来讲，先入艺术之门，再求深造思想难；先登思想之峰，再入艺术之门易。况且文人求“情”而不求“理”，是以个性的语言说出个性的情感。常“美”有余而理不足，所以真正的大文章家，政治家、思想家出身的多，而专攻文章、以文为业的反倒少。历史上的范仲淹是一个政治家、军事家、学者，也许他从来也没有把自己当作一个作家。后人在排唐宋八大家之类的排行榜时，他也无缘入列，但这恰恰是他胜过一般文人之处，或者历史根本就不忍心将他排入文人之列。

所以要弄清《岳阳楼记》的文章之美，还得从政治家、思想家的角度探寻作者的内心世界。

二、作者的人格之美

人们都熟知范仲淹在《岳阳楼记》里的名言“先天下之忧而忧，后天下之乐而乐”，却常忽略了文中的另一句话“不以物喜，不以己悲”。前者是讲政治，怎样为政、为官，后者是讲人格，怎样做人。前者是讲政治观，后者是讲人生观。正因为讲出了这两个社会、人生的最基本道理，这篇文章才达到了不朽。其实，一个政治家政治行为的背后都有人格精神在支撑，而且其人格的力量会更长久地作用于后人，存在于历史。“不以物喜，不以己悲”：物，指外部世界，不为利动；己，指内心世界，不为私惑。就是说：有信仰，有目标，有精神追求，有道德操守。结合范仲淹的人生实践，可从三个方面来解读。

一是独立精神。

范仲淹于太宗端拱二年（989 年）生于徐州，出生第二年父亲去世，29岁的母亲贫无所依，抱着襁褓中的他改嫁朱家，来到山东淄州（今山东邹平县附近）。他也改姓朱，名朱说（通“悦”）。他少年时在附近的庙里借宿读书，每晚煮粥一小锅，次日用刀划为四块，早晚各取两块，拌一点咸菜为食。这就是成语“断齑划粥”的来历。这样苦读三年，直到附近的书都已被他搜读得再无可读。但他的两个异父兄长却不好好读书，花钱如流水。一次他稍劝几句，对方反唇相讥：“连你花的钱都是我们朱家的，你有什么资格说话？”这时他才知道自己的身世，心灵大受刺激。真是未出家门便感知世态之炎凉。他发誓期以十年，恢复范姓，自立门户。

大中祥符四年（1011年），22岁的范仲淹开始外出游学，来到当时一所大书院应天书院（位于今河南商丘），昼夜苦读。一次真宗皇帝巡幸这里，同学们都争着出去观瞻圣容，他却仍闭门读书，别人怪之，他说“日后再见，也不晚”。可知其志之大，其心之静。有富家子弟送他美食，他竟一口不吃，任其发霉。人家怪罪，他谢曰：“我已安于喝粥的清苦，一旦吃了美味怕日后再吃不得苦。”真是天降大任于斯人，自觉自愿苦其心志，劳其筋骨。他在大中祥符八年（1015年）中进士，在殿试时终于见到了真宗皇帝，并赴御宴。不久他被调去安徽广德亳县做官，立即把母亲接来赡养，并正式恢复范姓。这时离他发愤复姓只有五年。

在人性中，独立和奴气是基本的两大分野。从上面的事例中可以看出范仲淹卓然独立的精神。家虽不幸，决不会因寄人篱下而自矮三分，就是对皇帝也不搞盲目的个人崇拜，你过你的路，我读我的书，何必觍着脸去自我表现，这在封建社会是很难做到的。我们不要小看人格的独立，就整个社会来讲，这种道德的进步经历了一个漫长的过程。奴隶制度造成人的奴性，封建制度下虽有“士可杀不可辱”的说法，但还是强调等级、服从。进入资产阶级民主社会，才响亮地提出平等、自由。人性的独立才作为一种普遍的社会标准和道德意识。中国封建社会时间长，又没有经过彻底的资本主义民主革命，人格中的奴性残留就多，直到现在许多人也在变着法媚上。对照现实，我们更感到范仲淹在一千年前坚持的独立精神的可贵。正是这一点，促成了他在政治上能经得起风浪。做人就应该“宠而不惊，弃而不伤，丈夫立世，独对八荒”。鲁迅就曾痛斥中国人的奴性，一个人先得骨头硬，才能成事，如果他总是看别人的脸色，他除了当奴才还能干什么！

2008 年 10 月作者在范仲淹“读书洞”前

范仲淹自己有独立精神，他对历史上这一类的人也就格外敬仰。1034 年，当范仲淹第二次被贬到桐庐任上时，他知道这里就是汉代高士严子陵隐居之地。严是汉帝刘秀未发迹时的好友，刘称帝，严坚决隐而不出。这种“不以物喜，不以己悲”的独立精神正是范仲淹所追求的。他便为严子陵修了一座祠堂，并亲写了一篇《记》文，文末歌曰：“云山苍苍，江水泱泱，先生之风，山高水长！”这四句话流传甚广，也成了他人格精神的写照。

1038 年，范第三次被贬赴润州（今江苏镇江）任上时，途中经彭泽拜谒唐代名相狄仁杰的祠堂。狄刚正不阿，不畏武则天的权势被陷入狱，又贬为县令。范当即为其写一碑文，歌颂他：

> 呜呼，武暴如火，李寒如灰，何心不随，何力可回！我公哀伤，拯天之亡：逆长风而孤骞，溯（sù，向）大川以独航。金可革，公不可革，孰为乎刚！地可动，公不可动，孰为乎方！

文字掷地有声。而此时作者也正冒着朝中的“暴火寒灰”独行在被贬的路上，他以诗言志：“心焉介如石，可裂不可夺。”而他所描写的狄仁杰刚不可摧、方不可变也正是其自己的形象。

二是牺牲精神。

怎样处理公与私的关系，是判断一个人的道德高下的最基本标准。我们熟悉的林则徐的两句诗“苟利国家生死以，岂因祸福避趋之”，讲的就是这个道理。有的人，苟利天下，一毫而不拔，宁可我负人，决不人负我。有的人处处为国着想，为别人着想，关键时刻可以牺牲自己。如果社会上都是第一种人，那么，这个世界成天尔虞我诈、偷砖拆瓦，早就毁灭了。幸好还有这第二种人，社会才能和谐，才能进步。范仲淹一生为官不懒，为人不奸。他的道德标准是只要为国家、为百姓、为正义，都可牺牲自己。兹举两例。

1038年，位于宋西北的夏建国，元昊称帝。宋夏战事不断，边防主帅范雍无能。1040年，仁宗不得不重组一线指挥机构，任命范仲淹为陕西经略招讨副使（副总指挥）赶赴前线，这年他已51岁，这之前他从未带过兵。范仲淹一路兼程，赶到延州（今延安）。延州才经兵火，前面36寨都被荡平，孤悬于敌阵前。曾先后任命数人都畏敌而找借口不去就任。范说，形势危急，延州不能无守，就挺身而出，自请兼知延州。

范仲淹虽是一介书生，但文韬武略，胆识过人。他见敌势坐大，又以骑兵见长，便取守势，并加紧部队的整肃改编，提拔了一批战将，在当地边民中招募了一批新兵。庆历二年（1042年），范仲淹密令19岁的长子纯佑偷袭西夏，夺回战略要地马铺寨，他引大军带筑城工具随后跟进。部队一接近对方营地，他下令就地筑城，十天后，一座新城平地而起。这就是后来发挥了重要战略作用的，像一个楔子一样打入夏界的孤城——大顺城。此城与附近的寨堡相呼应，西夏再也撼不动宋界。夏军中传说着，现在带兵的这个范小老子（西夏人称官为老子）胸中自有数万甲兵，不像原先那个范大老子（指前任范雍）好对付。西夏见无机可乘，随即开始议和。范以一书生领兵获胜，除其智慧之外，最主要的是有这种为国牺牲的精神。

范与滕宗谅（字子京）的关系，是他为国惜才、为朋友牺牲的例证。滕与范仲淹是同年的进士，也是一个热血报国的忠臣。西北战事吃紧时滕也在边防效力，知泾州。当时正定川一役大败之后，形势危急。滕招兵买马，犒赏将士，重振旗鼓。范又让他兼知庆州，亦治理得井井有条。但正因为他干事太多，就总被人挑毛病，有人告他挪用公款15万贯。仁宗大怒，要查办。但很快查明，这15万贯钱，犒赏用了3 000贯，其他皆是用于军饷。而这3 000贯的使用也没有超出地方官的权力规定范围，但是朝中的守旧派，咬住不放，乘机大做文章，宰相等也默不作声。范这时已回京，他激愤地说，朝廷看不到边防将士的辛苦和功劳，一任有人在这些小问题上捕风捉影，加以陷害，这必让将士寒心，边防不稳。他力保滕宗谅无大过，如有事甘愿同受处分。这样滕才没有被撤职，而贬到了岳阳。由此可知，范后来为他写《岳阳楼记》，本身就是一种对朋友、对正义事业的支持，而这是要冒风险、付代价的。他在文章中叹道："微斯人，吾谁与归。"他愿意和志同道合的战友一起去为事业牺牲。

三是理性精神。

范仲淹的独立和牺牲绝不是桀骜不驯的自我标榜和逞一时之快的匹夫之勇。他是按自己的信仰办事，是知识分子的那种理性的勇敢。在我写瞿秋白的《觅渡》一文中曾谈到这是一种像铁轨延伸一样的坚定。范仲淹是晏殊推荐入朝为官的。他一入朝就上奏章给朝廷提意见。这吓坏了推荐人晏殊，说："你刚入朝就这样轻狂，就不怕连累到我这个举荐人吗？"范听后半晌没有反应过来，一会儿，难受地说："我一入朝就总想着奉公直言，千万不敢辜负您的举荐，没想到尽忠尽职反而会得罪于您。"回到家他又给晏写了一封三千字的长信说：

当公之知，惟惧忠不如金石之坚，直不如药石之良，才不为天下之奇，名不及泰山之高，未足副大贤人之清举。今乃一变为忧，能不自疑而惊呼！为公之悔，傥默默不辨，则恐搢绅先生诮公之失举也。

晏殊是他的恩师、入朝的引路人。这件事充分体现了范"爱吾师更爱真理"。

他刚到西北前线时，朝野上下出于报仇心理和抗战激情，都高喊出兵。主帅命令出兵，皇上不断催问，左右不停地劝说。但他认为备战还不成熟，坚持不出兵。主帅说：“大凡用兵，先得置胜负于度外。”他说：“大军一动就是千万人的性命，怎敢置之度外？”结果，上面不听他的意见，1041年好水川一战，宋军损失6 000人。此后宋军再不敢盲动，最终按范仲淹的策略取得了胜利。这种独立思考的理性精神到900多年后有类似一例，就是共产党的粟裕将军。在淮海战役前，中央三下其令要他率师渡江，他三次斗胆向中央和毛主席上书，建议战场摆在江北，终于为毛泽东所接受，这一决策使得解放战争提前三年胜利。

纵观范仲淹一生为官，无论在朝、在野、打仗、理政，从不人云亦云，就是对上级、对皇帝，他也实事求是，敢于坚持。这里固然有负责精神，但不改信仰、按规律办事，却是他的为人标准。

“不以物喜，不以己悲。”人能超然物外，克服私心，就是一个大写的人，就是君子，不是小人。可惜，千年来人性虽已大有进步，社会仍然没有能摆脱这种公与私的羁绊。这个问题恐怕要到共产主义社会才能解决。你看我们的周围，有多少光明磊落，又有多少虚伪龌龊。凡成大事者，首先在人格上要能独立思考，理性处事，敢于牺牲。而那些人格上不独立的人，政治上必然得软骨病，一入官场，就阿谀奉承，明哲保身，甚而阳奉阴违，贪赃枉法，卖身投靠，紧要关头投敌叛变。我在官场几十年，目之所及，已数不清有多少的事例让你落泪，又让你失望。有的官员，专研究上司所好，媚态献尽，唯命是从。上发一言，必弯腰尽十倍之诚，而不惜耗部下百倍之力，费公家千倍之财，以博领导一喜。某次我亲历一官员手捧笔记传达上司讲话，为核一字，揣其口吻，汗涔涔然，十多分钟。某次，上司看一展览，说好，可再办一个。他立即说，照办。下面反映说，这种事要提前申请场馆，下通知，各地要做预算，时间紧，耗资大，有难度。他说，不管，你就给我办。这种对上为奴、对下为虎的劣根人格实在可悲。而我的一位领导，战争时期就当记者。一次我陪他到农村采访，他一进门就坐在老乡炕上问收入，掀开缸盖看米面，平时在北京，有人从外地来，他第一句话就问："今年的收成怎么样。"工作中他常说，对上负责，先要对实际负责。这种实事求是，又甘为孺子牛的精神深深感染着我们这些后进。我每次读《岳阳楼记》就会立即联想到周围的现实。"不以物喜，不以己悲"，这种对独立、牺牲、理性的人格追求，仍然是我们现在最需要的。《岳阳楼记》是一面镜子，能一照千年。这就是好文章的作用，经典的魅力。

三、作者留给我们的政治财富

孙中山说，政治是治理众人之事。再说白点，就是治理国家，为百姓办事。这是一个不分时代、不分地域、所有的政治家都要面对的问题，是一个需要不断继承和创新的课题。

范仲淹对政治文明的贡献，主要体现在一个"忧"字上。《岳阳楼记》产生于我国封建社会成熟期之宋代，作者生于忧患，成于忧患，倾其一生和一个时代来解读这个"忧"字，好像是中国封建社会发展到转折时期，专门要找一个这样的解读人。

范仲淹的忧国思想，最忧之处有三，即忧民、忧君、忧政。也可以说是留给我们的三笔政治财富。

一是忧民。他在文章中写道"居庙堂之高，则忧其民"，就是说当官千万不要忘了百姓，官位越高，越要注意这一点。

既然政治就是管理，官和民的关系就是政治运作中最基本的内容。忧民生的本质是官员的公心、服务心，是怎样处理个人与群众的关系。有的人为官，做民众的牛，在服务和奉献中享受快乐；有的人做官，骑在民众的头上作威作福，在攫取和占有中满足私欲。但人民永远是第一性的，任何政权都是靠人民来支撑。一些进步的封建政治家也看到了这一点，强调“民惟邦本”，唐太宗甚至说“水可载舟，亦可覆舟”。范仲淹继承了这一思想并努力在实践中贯彻。他认为君要“爱民”“养民”，就像调养自己的身体，要十分小心，要轻徭役、重农耕。特别是地方官，如果压榨百姓，就是自毁邦本。

范仲淹从1015年26岁中进士到1028年39岁进京任职前，已在基层为官13年。如果说26岁以前的“断齑划粥”、书院苦读，使他熟悉了治国平天下的儒家政治理论，坚定了他的忧国信念，这13年深入民间、调查研究，则练就了他的忧民之心。这期间，他先后转任广德（今安徽广德）、亳州（今安徽亳县）、泰州（今江苏泰州）、兴化（今江苏南通一带）、楚州（今江苏淮安）五地，任过一些掌管刑狱的幕僚小职，最后一任是管盐仓的小吏。他表现出一个典型的有知识、有理想，又时时想着报国安民的青年官吏的形象。他按儒家经典的要求“达则兼济天下”，但是却扬弃了“穷则独善其身”，只要有一点机会，就去用手中的权力为老百姓办事，并时刻思考着只有百姓安康，政治才能稳定。

这期间他较突出的一件政绩是修海堤。1021年，范仲淹调泰州，任一个管盐仓的小吏。当时泰州、楚州、通州（今江苏南通）位于淮水之南，东临黄海，海堤年久失修，海水倒灌，冲毁盐场，淹没良田，不但政府盐利受损，百姓亦流离失所，逃荒他乡。范仲淹只是一个管盐仓的小吏，这些地方上的政务经济本不归他管，但他见民受其苦，国损其利，便一再建议复修海堤，政府就干脆任他为灾区中心兴化县的县令。他制定规划，亲率几万民工日夜劳作在筑堤工地。一次大浪淹来，百多人顿时被卷入海底。一时各种非议四起，要求停工罢修，范力排众议，身先士卒，亲自督战，历时三年，终使大堤告成。地方经济恢复，国家增收盐利，流离的百姓又回到故乡。人们感谢范仲淹，将此堤称为“范堤”，甚至有不少人改姓范，以之为荣。直到今天，能为范仲淹之后仍是一种光荣。全国为纪念他而建造的希望小学就有39所。

出身贫寒、起于基层的范仲淹，一生不管地位怎么变，忧民之心始终不变。1033年，全国蝗旱灾害流行，山东、江淮地区尤甚。时范已调回朝中，他上书希望朝廷派员视察，却迟迟得不到答复，他又忍不住了，冒杀头之祸，去当面质问仁宗：“我们在上面要时刻想着下面的百姓。要是您这宫里的人半天没有饭吃会是什么样子？今饿殍遍野，为君的怎能熟视无睹？”皇帝被他问得无言以对，就顺水推舟说：“那就派你去赈灾吧。”当年他一个盐吏因上书自讨了一个修堤的苦差事，这次他这个谏官，又因言得差，自讨了一份棘手难办的赈灾之事。但从这件事情上倒让我们看到了他的办事才干。他一到灾区就开仓济民，组织生产自救。灾后必有大疫，他遍设诊所，甚至还亲自研制出一种防疫的白药丸。赈灾结束回京后他还特意带回灾民吃的一种“乌味草”，送给仁宗，并请传示后宫，以戒宫中的奢侈浪费。我想，他的这个举动肯定又引起了宫中人的反感。你去赈灾，完成任务回来交差就是，何苦又要借机为宫里人上一堂课呢？就你最爱表现！这怎能不招惹人嫉妒？正如他自己后来总结“一日登朝，则不知忌讳”。

范仲淹是一位行政能力极强的政治家。他的忧民，绝不像其他官僚那样空发议论，装装样子。他每治一地，必有创造性的惠民政策。他在西北前线积极改革用兵制度。当时因战事紧张，政府在陕西征农民当兵，士兵不愿背井离乡，便有逃兵。政府就规定在兵的脸上刺字，谓之“黥面”。一旦黥面，他永世，甚至子孙后代都不得脱离军籍。范经调查后体恤民情，认为这“岂徒星霜之苦，极伤骨肉之恩”，就进行改革，边寨大办营田，将士可以带家属，又改刺面为刺手，罢兵后还可为民。此举深得百姓拥护。

宋代税收常以实物缴纳，以余补缺，移此输彼，谓之支移，但运输费要纳税人出。范晚年知青州，百姓往200里外的博州纳税，往返经月，路途劳苦，还误农时，运费又使税额多出二到三成。农民之苦，上面长期视若无睹。范心里十分不安，他改革征税方法，命将粮赋折成现金，派人到博州高于市价购粮，不出五天即完成任务，免了百姓运输之苦，还有余钱。一般地方官都是尽量超征，讨好朝廷。他却多一斤都不要，将余钱退给青州百姓。

诚如他言，“求民疾于一方，分国忧于千里”。可以看出他的忧民是真忧，决不沽名，不作秀，甚至还要顶着上面的压力，冒被处分的危险。像上面所举之例，都是问题早就在那里明摆着，为什么前任那么多官都不去解决呢？为什么朝廷不管呢？关键是心中没有装着老百姓。所以“忧民”与否实际上是检验一个官好坏的试金石，也成了千百年来永远的政治话题。这种以民为上的思想延续到共产党就是彻底地为人民服务。毛泽东专门写过一篇

《为人民服务》。2004年是邓小平诞辰100周年纪念，我受命写一篇纪念文章，在收集资料时，我问研究邓的专家：“有哪一句话最能体现邓的思想？”对方思考片刻，答曰，邓对家人说过一句话可作代表，他说：“我这个人没有什么大志，就是希望中国的老百姓都富起来，我做一个富裕国家的公民就行。”我听后肃然起敬，细想从他1962年提出“白猫、黑猫”受批评，到“文化大革命”后复出支持农村土地承包，其一生所忧全在百姓，可谓“居庙堂之高，则忧其民”。从范仲淹到邓小平，凡真心把当官看作为民办事的人，无不都时刻忧民。

范仲淹的第二忧是忧君。他说“处江湖之远，则忧其君”，也就是说不论在什么情况下，都想着“君”。而他所说的“君”则代表国家。

无论过去的皇帝还是现在的总统、主席，虽权在一人，但却身系一国之安危。忧君便是忧国。于是，以“君”为核心的君民关系、君政关系、君臣关系便构成了一国政治的核心部分。明君贤臣、昏君奸臣，抑或懦君庸官就决定了一朝政府的工作质量。忧君不是阿谀奉承，而是从国家利益出发提意见，说真话，犯颜直谏，“直辞正色，面争庭对”，“敢与天子争是非”。封建社会伴君如伴虎，真正的忧君是要以生命做抵押的。范仲淹因为对君提意见，说真话，前后三次被贬出京城。

范仲淹1028年经晏殊推荐，到京任秘阁校理——皇家图书馆的工作人员。这是一个可以时常见到皇帝的工作，可谓近水楼台。如果他会钻营奉承，很快就可以飞黄腾达。中国历史上有多少宦官、近臣如高逑、魏忠贤等都是这样爬上高位的。但是范仲淹的“忧君”，却招来了他京官生涯中的第一次谪贬。

原来，这时仁宗皇帝虽已经20岁，但刘太后还在垂帘听政。

朝中实际上是两个“君”，一个名分上的君仁宗皇帝，一个实权之君刘太后。这个刘太后可不是一般人等，她本是仁宗的父亲真宗的一位普通后宫，只有“修仪”名分，但她很会讨真宗欢心。皇后去世，真宗无子，嫔妃们都争着为真宗生一个孩子，好荣登后位。刘修仪自己无能，便想出一计，将身边的一位李姓侍女送给皇帝“伺寝”，果然生下一子。但她立即抱入宫中，作为己子，就是后来的宋仁宗，刘随即因此封后。真宗死后她又当上太后，长期干预朝政，满朝没有一人敢有异议。范新入朝就赶上太后过生日，要皇帝率百官为之跪拜祝寿。范仲淹认为这有损君的尊严，君代表国家，朝廷是治理国家大事的地方，怎么能在这里玩起家庭游戏。皇家虽然也有家庭私事，但家礼国礼不能混淆，便上书劝阻：“天子有事亲之道，无为臣之礼；有南面之位，无北面之仪。”干脆再上一奏章，请太后还政于帝。这一举动震动了朝廷，那太后在当“修仪”时先夺人子，后挟子封后，又扶帝登位，从皇帝在襁褓之中到现在已 20 年，满朝有谁敢置一喙？今天突然杀出了个程咬金，一个刚来的图书校勘管理员就敢问帝后之间的事。封建王朝是家天下、私天下，大臣就是家奴，哪能容得下这种不懂家规的臣子？他即刻被贬到河中府（今山西永济）任副长官——通判。他第一次进京，在最方便接近皇帝的秘阁只待了一年，就砸了自己的饭碗。

范仲淹百思不得其解，13 年身处江湖之远，时时想着能伴君左右，为国分忧，现在终于进京，却一张嘴就获罪被赶出京城，这朝中到底是行的什么规则？（他不知道 1 000 年后，人们发明了一个词，叫“潜规则”。）一块石头沉沉地压在他的心头。

范仲淹第二次进京为官是 3 年之后，皇太后去世，也许是皇帝看中他敢说真话的长处，就召他回朝做评议朝事的言官——右司谏。我国封建社会的政府监察体制分两部分。一是谏官，专门给皇帝提意见；二是台官，专门弹劾百官，合称台谏。到宋真宗时，谏官权已扩大到可议论朝政，弹劾百官。中国封建社会长期稳定，台谏制度有其一功，它强调权力制约，是中国封建制度中的积极部分，便是皇帝也要有人来监督，勿使放任而误国事。中国历史上从秦始皇到溥仪几百位皇帝中，就曾有79位皇帝下罪己诏260次，做自我批评。这种对最高权力的监督和皇帝的自我批评是中国封建政治中积极的一面。范二次进京所授右司谏官的级别并不高，七品，但权大、责大、影响大。范仲淹的正直当时已很有名，他一上任立即受到朝野的欢迎。这时的当朝宰相是吕夷简。吕靠太后起家，太后一死他就说太后坏话。郭皇后正直，揭穿其伎，相位被罢。吕也不是一般人等，他一面收买内侍，一面默而不言等待时机。时皇帝与杨、尚两位美人热恋。一日，杨自恃得宠，对郭皇后出言不逊，郭挥手一掌向她打去，仁宗一旁急忙拉架，这一掌正打在皇帝脖颈上，吕和内侍便乘机鼓动皇帝废后。

后与帝都是稳定封建政权的重要因素，看似家事，常关国运。就是现代社会，第一夫人也会影响政治，影响国事。范仲淹知道这种家事纠纷的背后是正邪之争，皇后易位的结果是奸相专权。他联合负责纠察的御史台官数人

河南洛阳范仲淹墓

上殿求见仁宗。半日无人搭理。司门官又出来将大门砰的一声闭上。他的犟劲又上来了，就手执铜门环，敲击大门，并高呼“皇后被废，何不听听谏官的意见”。这真是有点不知高低，要舍命与皇帝辩论了。看看没有人理，他们议定明天上朝当面再奏。

第二天，天不亮范仲淹就穿好朝服准备出门。妻子牵着他的衣服哭着说：“你已经被贬过一次了，不为别的，就为孩子着想，你也再不敢多说了。”他就把 9 岁的长子叫到面前正色说道：“我今天上朝，如果回不来，你和弟弟好好读书，一生不要做官。”说罢，头也不回地向待漏院走去。“漏”是古代计时之器，待漏院是设在皇城门外，供百官暂歇，等候皇帝召见的地方。范仲淹这次上朝是在 1033 年，比这早 46 年，公元 987 年，宋太宗朝的大臣王禹偁（chèng）曾写过一篇很有名的《待漏院记》，分析忠臣、奸臣在见皇帝前的不同心理。他说，当大臣在这个地方静等上朝时，心里却在各打各的算盘。贤相“忧心忡忡”。忧什么，有八个方面：安民、扶夷、息兵、辟田、进贤、斥佞、禳灾、措刑，等到宫门一开就向上直言，君王采纳，“皇风于是乎清夷，苍生以之富庶”。而奸相则“假寐而坐”存“私心”，想的是怎样报私仇、搜钱财，提拔党羽，媚惑君王，“政柄于是乎堕哉，帝位以之而危矣”。他说，既然为官就要担起责任，那种“无毁无誉，旅进旅退，窃位而苟禄，备员而全身”的态度最不可取。他还要求把这篇文章刻在待漏院的墙上，以戒后人。

不知范仲淹上朝时壁上是否真的刻有这篇文章。但范仲淹此时的确是忧心忡忡。他忧皇上不明事理，以私害公，因小乱大。这种家务之事，你要是一般百姓，爱谁、娶谁，休妻、纳妾也没有人管。你是一国之君啊，君行无私，君行无小。枕边人的好坏，常关政事国运。历史上因后贤而国安、后劣而国乱的事太多太多。同是一个唐朝，长孙皇后帮李世民出了不少好主意，甚至纠正他欲杀魏徵这样的坏念头；杨贵妃却引进家族势力，招来安史之乱。

他正盘算着怎样进一步劝谏皇上，忽然传他接旨，只听宣旨官朗朗念道，贬他到睦州（今浙江桐庐附近），接着朝中就派人赶到他家，催他当天动身离京。果然不幸为其妻子所言中，顿时全家老小哭作一团。显然这吕夷简玩起权术来比他高明，事前已做过认真准备，三下五除二就干净利落地将他赶出京城。他 1033 年 4 月回京，第二年 5 月被贬出京，第二次进京做官只有一年时间。

如果说范仲淹第一次遭贬，是性格使然，还有几分书生气，这二次遭贬，确是他更自觉地心忧君王，心忧国事。平心而论，仁宗不是昏君，更不是暴君，也曾想有所作为，君臣关系也曾出现过短时蜜月，但随即就如肥皂泡一样地破灭了。范仲淹不明白，几乎所有的忠臣都如诸葛亮那样希望君王“亲贤臣，远小人”，但几乎所有的君王都离不开小人，喜欢用小人。他离京后路途渐行渐远，忧君之心却越来越重，正如后来在《岳阳楼记》里说的：“处江湖之远，则忧其君。”

在专制和权力高度集中的制度下，君既有代表国家的一面，又有权力私有的一面。这就带来了“君”的两重性和“臣”的两重性。君有明、昏之分；臣有忠、奸之别。遇明君则宵衣旰食，如履薄冰，勤恳为国；遇昏君，则独断专行，为所欲为，玩忽国事。“忧君”的实质是忧君所代表的国事，而不是忧君个人的私事。一个领导集体，有君必有臣。忠臣忧君不媚君，总是想着怎么劝君谏君，抑其私心而扬其公责，把国家治好。奸臣媚君不忧国，总在琢磨怎么满足君的私欲，把他拍得舒服一些。当然，奸臣这种行为总能得到个人的好处，而忠臣的行为则可能招来杀身之祸。范仲淹行的是忠臣之道，是通过忧君而忧国、忧民，所以，当这个“君”与国、与民矛盾时，他就左右为难。这是一种矛盾，一种悲剧，但正是这种矛盾和悲剧考验出忠臣、贤臣的人格，而这种犯颜直谏的人格之美又超地域、超时代，成了一种可贵的政治品德、政治文明。时间过了近千年，到了 1959 年庐山发生了一场中共高层领导的争论，当然有对形势和方针方面的认识问题，但也有传统的君臣政治理念和道德、人格上的问题。彭德怀当然是那个事件的一个主角，但在毛泽东的秘书田家英身上却更集中地体现出这种矛盾冲突，而别有一种悲剧色彩。田的身份有点类似范仲淹初入朝在秘阁的工作，是最高领袖的身边人。他虽对毛主席敬之如父，但在外地调查回来却如实反映了毛不愿意听的情况，7 月 23 日那天他在庐山上听了毛泽东批判彭德怀的讲话，更是忧从心底生，既为他所敬重的领袖犯错误遗憾，又为党和国家的前途担忧。他和几个朋友来到山顶的一个亭子里，俯瞰山下万里山河，更加心事沉沉。有人说这空空的亭柱上怎么没有对联，田即张口愤然吟道：“四面江山归眼底，万家忧乐到心头。”其忧国、忧民又忧君的矛盾和痛苦可见一斑。他后来在“文化大革命”中自杀明志。正如范仲淹所说，“士不死不为忠，言不逆不为谏”。于此例我们也可以看出忧君思想在中国政治长河中的影响。

范仲淹的第三忧是忧政，政即政府机关的自身建设。

一个政权的腐败总是先从吏治腐败开始。当一个新政权诞生后，第一件事就是安排干部。通常，官位成了胜利者的最高回报，和掌权者对亲信、子女的最好赏赐。官吏是这个政权的代表和既得利益者，也就成了最易被腐蚀的对象和最不情愿改革的阶层。只有其中的少数清醒者，能抛却个人利益，看到历史规律而想到改革。

1035年，范仲淹因知苏州治水有功又被调回京，任礼部员外郎，知京城开封府。他已两次遭贬，这次能够回京，一般人定要接受教训慎言敏行，明哲保身。但这却让范仲淹更深刻地看到国家的政治危机。他又浑身热血沸腾，要指陈时弊了。

这次，范仲淹没有像前两次那样挑“君”的毛病，他主要针对的是吏治之弊，即干部制度问题。也就是由尽“谏官”之责，转而要尽“台官”之责了。原来这宋朝的老祖宗、太祖赵匡胤得天下是利用带兵之权，阴谋篡位当的皇帝。他怕部下也学这一招来夺其子孙的皇位，就收买人心，凡高官的子孙后代都可荫封官职。这样累积到仁宗朝时，已官多为患，甚至骑竹马的孩子都有官在身。凡一个新政权，大约到50年是一道坎，这就是当年黄炎培与毛泽东在延安讨论的政权周期率。到范仲淹在朝时，宋朝开国已半个世纪，吏治腐败，积重难返。再加上当朝宰相培植党羽，各种关系盘根错节。皇帝要保护官僚，官僚要巩固个人的势力，拼命扩大关系网，百姓养官越来越多，官的质量越来越低。这之前，范两次遭贬，三次在地方为官，深知百姓赋税之重，政府行政能力之低，民间冤狱之多，根子都在朝中吏治腐败。他经调查研究，就将朝中官员的关系网绘了一张“百官图”。1036年他拿着这图去面见仁宗，说宰相统领百官，不替君分忧、为国尽忠，反广开后门，大用私人，买官卖官，这样的干部路线，政府还能有什么效率，朝廷还有什么威信，百姓怎么会拥护我们。范又连上四章，要求整顿吏治。你想，拔起一株苗，连起百条根，这一整顿要伤到多少人的利益，如欧阳修所说：“如此等事，皆外招小人之怨，不免浮议之纷纷。”皇帝虽有改革之意，但他绝不敢把这官僚班底兜翻，范仲淹在朝中就成了一个讨人嫌的人。吕夷简对他更是恨得牙根痒，就反诬他“越职言事，荐引朋党，离间君臣”。那个仁宗是最怕大臣结党的，吕很聪明，一下就说到了皇上的痒处，于是就把他贬到饶州（今江西鄱阳）。从他1035年3月进京第三次被起用到第二年5月被贬出京，又只有一年多一点。

这次，许多正直有为的臣子也都被划入范党，分别发配到边远僻地。朝中已彻底没有人再敢就干部问题说三道四了。这次范仲淹离京，几乎没有人再敢为他送行。只有一个叫王质的人扶病载酒而来，他举杯道：“范君坚守自己的立场，此行比之前两次更加光彩！”范笑道：“我已经前后‘三光’了。你看，来送行的人也越来越少。下次如再送我，请准备一只整羊，祭祀我吧。”他坚守自己的信仰“不以物喜，不以己悲”，虽三次被贬而不改初衷。

从京城开封出来到饶州要经过十几个州，除扬州外，一路上竟无一人出门接待范仲淹。他对这些都不介意，到饶州任后吟诗道：“三出青城鬓如丝，斋中潇洒过禅师。”“潇洒过禅师”，这是无奈的自我解嘲，是一种无法排解的苦闷。翻读中国历史，我们经常会听到这种怀才不遇、报国无门者的自嘲之声。柳永屡试不中，就去为歌女写词，说自己是“奉旨填词”；林则徐被谪贬新疆，说是“谪居正是君恩厚，养拙刚于戍卒宜”；辛弃疾被免职闲居，说是“君思重，且教种芙蓉”。现在范仲淹也是：君恩厚重，让你到湖边去休息！饶州在鄱阳湖边，风大浪高，范自幼多病这时又肺病复发。不久，成天担惊受怕、随他四处奔波的妻子也病死在饶州。未几，他又连调润州（今江苏镇江）、越州（今浙江绍兴）。四年换了三个地方。他想起楚国被流放的屈原、汉代被放逐的贾谊，报国无门，不知路在何方。他说：“仲淹草莱经生，服习古训，所学者惟修身治民而已。一日登朝，辄不知忌讳，效贾生‘恸哭’、‘太息’之说，为报国安危之计。情既龃龉，词乃睽戾……天下指之为狂士。”

范仲淹已三进三出京城，从东海边到北地大漠，来回调动已不下 20 次。他想，看来这一生只有在人们讨嫌的目光中度过了。但是他坚持独立的人格，决不与腐败的官吏同流合污。

但忠臣注定不得闲。就像周恩来虽多次遭毛泽东的批评，写检讨，甚至被迫准备辞职，但救火的时候还是要用他。范仲淹也是这样，自 1036 年被贬外地 4 年后，西北战事吃紧，皇帝又想起了他。1040 年他被派往延州前线指挥抗战。1043 年宋夏议和，战事稍缓，矛盾又尖锐起来。赋税增加，吏治黑暗，地方上暴动四起，仁宗束手无策。庆历三年（1043 年）4 月，仁宗又将他调回京城任为副相，又免了吕夷简的官，请范主持改革，史称“庆历新政”。这是他第四次进京为官了。

这次他指出的要害仍然是吏治。前面说过，范仲淹第三次被贬就是因为上了一个“百官图”，揭露吏治的腐败。七年过去了，他连任了四任地方官，又和西夏打了一仗，但朝中的吏治腐败不但没有解决，反愈演愈烈。他立即上书《答手诏条陈十事》。他说，第一条，先要明确罢免升迁。现在无论功过，不问好坏，文官三年一升，武将五年一提，人人都在混日子。假如同僚中有一个忧国忧民，“思兴利去害而有为”的，“众皆指为生事，必嫉之，沮之，非之，笑之，稍有差失，随而挤陷。故不有者素餐尸禄，安然而莫有为也。虽愚暗鄙猥，人莫齿之，而三年一迁，坐至卿、监、丞、郎者，历历皆是。谁肯为陛下兴公家之利，救生民之病，去政事之弊，葺纲纪之坏哉？利而不兴则国虚，病而不救则民怨，弊而不去则小人得志，坏而不葺则王者失政”。你看“国虚”“民怨”“小人得志”“王者失政”，现在我们读这篇《答手诏条陈十事》仍能感受到范仲淹那种深深的忧国忧民之心和急切的除弊救政之志。他条陈的第二条是抑制大官子弟世袭为官。现在朝中的大官每年都可自荐子弟当官，“每岁奏荐，积成冗官”，甚至有“一家兄弟子孙出京官二十人”。大官子弟“充塞铨曹，与孤寒争路”。范仲淹是“孤寒”出身，深深痛恨这种排斥人才的门阀观念和世袭制度。他条陈的第三条是贡举选人，第四条是选好的地方官，“一方舒惨，百姓休戚，实系此人”。第五条是公田养廉。十条倒有五条有关吏治。后面还有厚农桑、修武备、减徭役等。我们读着这些连珠炮似的言辞和条分缕析般的陈述，仿佛看到了一个痛心疾首、泪流满面的臣子，上忧其君，下忧其民，恨不得国家一夜之间扭转乾坤，来一个河清海晏、政通人和。

他不但上书，还实干，派许多按察使到地方考察官员的政绩，调查材料一到，他就从官名册上勾掉一批赃官。有人劝道：“你这一勾，就有一家人要哭！”范说：“一家人哭总比一州县的百姓哭好吧。”短短几个月，朝廷上下风气为之一新。贪官收敛，行政效率提高。但是，由于新政首先对腐败的干部制度开刀，先得罪朝中的既得利益者，必然会有强大的阻力。

他的朋友欧阳修就最担心这一点，专门向仁宗上书，希望能放心用范仲淹，并能保护他，不要听信谗言。“凡小人怨怒，仲淹当自以身当，浮议奸谗，陛下亦须力拒。”但是皇帝没有为他力拒小人之怨和纷纭的浮议。他一次又一次地无法“自以身当”，终于在朝中难以立足。庆历四年（1044 年），保守派制造了一起谋逆大案，将改革派一网囊括进去。这回还是利用了仁宗疑心重、怕臣子结党的弱点，把改革派打成“朋党”。庆历五年（1045 年）初，失去了皇帝支持的改革已彻底失败，范仲淹被调出京到邠州（今陕西彬县）任职，这是他第四次被贬出京了。冬天，他又调邓州（今河南南阳），而他的庆历新政的战友富弼贬青州（今山东益都）、欧阳修贬滁州（今安徽滁县）、滕子京贬岳州（今湖南岳阳）、尹洙流放筠州（今江西高安）。这时还不像前三次那样是范仲淹一人出京，而是正义势力、忠节老臣全军覆没，被扫地出门。范仲淹当年曾戏说，如再被贬就请准备一只整羊来祭他，现在连祭他的朋友也没有了。

毛泽东说：“政治路线确定之后，干部就是决定的因素。”干部制度向来是政权的核心问题。不管是忧君、忧国、忧民，最后总要落实在“忧政”上，即谁来施政，怎样施政。治国先治吏，历来的政治改革都把吏治作为重点。范之后的王安石变法，仍然将吏治改革作为重点。范仲淹当年指陈的吏治弊病至今仍然有现实意义。他在《岳阳楼记》里一再讲的进亦忧，退亦忧，在朝也忧，在野也忧，正是一个政治家对治国实践和历史规律的深刻思考。

庆历六年（1046 年），范仲淹在邓州任上，这年他已 57 岁。自 26 岁中进士为官，四处奔波，三起三落，已 31 年。现在他可以静静地回顾一生的经历，思考为官为人的哲理。忽一天他的老朋友滕子京从岳阳送来一信，并一图，画得新落成的岳阳楼，希望他能为之写一篇记。这滕子京是他同年中进士的年兄，又在泰州任上和西北前线共过事，是庆历新政的积极推行者。就是因为他敢作敢为，总想干一番事，就常招人忌，甚至被陷害。但滕子京总是这样乐观，这次被贬岳阳，才两年就政绩显著，还重修名楼。范仲淹看罢信，将图挂在堂前，只见一楼高耸，万顷碧波。他胸中不由翻江倒海，那西北的风沙，东海的波涛，朝中的争斗，饥民的眼泪，金戈铁马，阁中书卷，严子陵隐身的钓台，楔入西夏的孤城，仁宗皇帝忽而手诏亲见，忽而挥袖逐他出京，还有妻子牵衣阻劝，长子随他西北前线的冲杀……一起浮到眼前。他喊一声："研墨！"挑灯对图，凝神静思，片刻一篇300多字的《岳阳楼记》就如珠落玉盘，风舒岫云，标新立异，墨透纸背，洋洋洒洒，震大千而醒人寰，承千古而启后人。他将山水、政治、情感、理想、人格全都熔于一炉，用纯青的火候为我们铸炼了一面照史、照人的铜镜。金代学者元好问评价范仲淹说："范文正公，在布衣为名士，在州县为能吏，在边境为名将。其材、其量、其忠，一身而备数器。"我们还可以再加上一句："在文坛为大家。其思想、其艺术，光照千年。"

范仲淹写《岳阳楼记》的河南邓州花洲书院

这篇文章是对我国封建政治文明的艺术性总结。中国封建社会2 000余年，政界人物多得数不清，历朝皇帝几百多位，大臣官员更不知几多。但能写出《岳阳楼记》，并被后人记住、学习和研究的只有范仲淹一人。现在我们知道要出一篇好文章是多么不容易了。好文章是一个人在一定的时代为背景下全部知识和阅历的结晶，是他生命的写照。其中不知要经历多少矛盾、冲突、坎坷、辛酸、成功与失败。这非主观意志可得，可遇而不可求。因此一篇好的文章就如一个天才人物、一个历史事件，甚或如一个太平盛世的出现，不是随便就有的。它要综天时地利之和，得历史演变之机，靠作者的修炼之功，是积数十年甚或数百年才可能出现的一个思想和艺术的高峰。千军易得，一将难求；千年易过，好文难有。

范仲淹为我们写了一篇千古第一美文，留下了一笔重要的艺术财富和政治财富，他也就以不朽的政治家、思想家和文学家的身份载入史册。

2008年6月29日

（《美文》2008年10月上半月）

这思考的窑洞

——书写《为人民服务》的年代

我从延安回来，印象最深的是那里的窑洞。

照理说我对窑洞并不陌生，我是在窑洞里生、窑洞里长的。我对窑洞的熟悉，就像对一件穿旧了的衣服，已经忘记了它的存在。但是，当三年前，我初访延安时，这熟悉的土窑洞却让我的心猛然一颤，以至于三年来心系神往。因为这普通的窑洞里曾住过一位伟大的人，而那些伟大的思想也就像生产土豆、小米一样在这黄土坡上的土洞洞里奇迹般地生产了出来。

延安是中国共产党领导全国人民进行民族革命和民主革命斗争的心脏，是艰苦岁月的代名词。在大多数人的脑海里，延安的形象是战争，是大生产，是生死存亡的一种苦挣。但是当我见到延安时，历史的硝烟已经退去，眼前只有几排静静的窑洞，而每个窑洞门口又都钉有一块木牌，上面写明某年某月，毛泽东同志居住于此，著有哪几本著作。有的只有几十天，仍然有著作产生。这时，仿佛墙上的钉子不是钉着木牌，而是钉住了我的双脚，我久久伫立，不能移步。院子里扫得干干净净，几棵柳树轻轻地垂着枝条，不远处延水在静静地流。我几乎不能想象，当年边区敌伪封锁，无衣无食，每天都在流血牺牲，每天都十万火急，毛泽东同志却稳稳地在这里思考、写作，酿造他的思想，他的与中国实际相结合的马克思主义。

我看着这一排敞开的窑洞，突然觉得它就是一排思考的机器。在中国，有两种窑洞，一种是给人住的，一种是给神住的。你看敦煌、云冈、龙门、大足石窟存了多少佛祖，北岳恒山上的石洞里甚至还并供着孔子、老子和释迦牟尼。这实际上是老百姓在假托一个神贮存自己的思想、自己的信仰。彻底的唯物主义者不需要偶像，眼前这土窑洞里甚至连一张毛泽东的画像也没有，但是50年了，来这里的人络绎不绝，因为这窑洞里的每一粒空气分子中都充满着思想。我仿佛看见每个窑门上都刻着“实事求是”，耳边总是响着毛泽东同志那句话：“‘实事’就是客观存在着的一切事物，‘是’就是客观事物的内部联系，即规律性，‘求’就是我们去研究。”

延安，毛泽东居住过的窑洞

自党中央于1938年1月由保安迁到延安，毛泽东同志在延安先后住过四处窑洞。这窑洞首先是一个指挥部，毛泽东和他的战友在这里运筹帷幄，决胜千里。但为了这些决策的正确，为了能给宏伟的战略找到科学的理论根据，毛泽东在这里于敌机的轰炸声中，于会议的间歇中，拼命地读书写作。所以更确切点说这窑洞是毛泽东的书房。当我在窑洞前漫步时，我无法掂量，是从这里发出的电报、文件作用大，还是从这里写出的文章、著作作用大。马克思当年献身工人运动，当他看到由于理论准备不足、工人运动裹足不前时，就宣布要退出会议，走进书斋，终于写出了《资本论》这本远远超出具体决定、跨越时空、震撼地球、推动历史的名著。但是，当时毛泽东无法退出会议，甚至无法退出战斗和生产，他在延安期间每年还有 300 斤公粮的任务。他的房子里也不能如马克思一样有一张旧沙发，他只有一张旧木床，也没有咖啡，只有一杯苦茶。他只能将自己分身为二，用右手批文件，左手写文章。他是一个中国式的民族英雄，像古小说里的那种武林高手，挥刀逼住对面的敌人，又侧耳辨听着背后射来的飞箭，再准备着下一步怎么出手。当我们与对手扭打在一起，急得用手去撕、用脚去踢、用嘴去咬时，他却暗暗凝神，调动内功，然后轻轻吹一口气，就把对手卷到九霄云外。他是比一般人更深一层、更早一步的人。他是领袖，更是思想家。随着时间的推移，他这些文章的力量已经大大超过了当时的文件、决定。像达摩面壁一样，这些窑洞确实是毛泽东和他的战友修炼真功的地方，是蒋介石把他们从秀丽的南方逼到这些土窑洞里。四壁黄土，一盏油灯，这里已经简陋到不能再简陋。但是唯物质生活的最简最陋，才激励共产党的领袖们以最大的热忱、最坚忍的毅力、最谦虚的作风，去做最切实际的思考。毛泽东从小就博览群书，但是为了救国救民，他还在不停地武装自己。对艾思奇这个比他小 16 岁的一介书生，毛泽东写信说：“你的《哲学与生活》

是你的著作中更深刻的书，我读了得益很多，抄录了一些，送请一看是否有抄错的。其中有一个问题略有疑点（不是基本的不同），请你再考虑一下，详情当面告诉。今日何时有暇，我来看你。”记得在艾思奇同志逝世 20 周年时，在中共中央党校的展柜里我还见到过毛泽东同志的另一封亲笔信，上有“与您晤谈，受益匪浅，现整理好笔记送上，请改”等字样。这不是对哪个人的谦虚，是对规律、对真理的认同。中国历史上曾有许多礼贤下士的故事，刘备三顾茅庐，曹操倒屣相迎许攸。他们只不过是为了成自己的大事。而毛泽东这时是真正地在穷社会历史的规律，他将一切有志者引为同志，把一切有识者奉为老师。蒋介石，这个中国历史上的最后一个地主阶级的最高统治者，他何曾想到现时延安窑洞里这一批人的厉害。他以为这又是陈胜揭竿，刘邦斩蛇，朱元璋起事，他万没有想到毛泽东早就跳出了那个旧圈子而直取历史唯物主义和辩证唯物主义。

我在窑洞里徘徊，看着这些绵软的黄土，感受着这暖融融、湿润润的空气，不觉勾起一种遥远的回忆。我想起小时躺在家乡的窑洞里，身下是暖烘烘的土炕，仰脸是厚墩墩的穹顶，炕边坐着做针线的母亲，一种说不出的安全和温馨。窑洞在给神住以前，首先是给人住的，它体现着人与大地的联系。希腊神话里的英雄安泰只要脚不离地就力大无穷，任何敌人休想战胜他，而在一次搏斗中他的敌人就先设法使他脱离地面，然后击败了他。斯大林曾用这个故事来比喻党与人民的关系。延安岁月是毛泽东及我们党与土地、与人民联系最紧密的时期。他住在窑洞里，上下左右都是纯厚的黄土，大地紧紧地搂抱着他，四壁上下随时都在源源不断地向他输送着力量。他眼观六路，成竹在胸。在一孔窑洞前的木牌上注明毛泽东在这里完成了《论持久战》。依稀在孩童时我就听父亲讲过这本书的传奇，那时他们在边区，眼见河山沦陷，寇焰嚣张，愁云压心。一天发下了几本麻纸本的《论持久战》，几天后村内外便到处是歌声笑声，有如春风解冻一般。这个小册子在我家一直珍藏到“文化大革命”。后来读党史才知道当时连蒋介石都喜得如获至宝，发至全军每个军官一本。同时这本书很快又在美国出版。毛泽东为写这篇文章在窑洞里伏案工作九个日夜，连炭火烧了棉鞋也全然不知。第十天早晨，当他推开窑门，让警卫员把稿子送往清凉山印刷厂时，我猜想他的心情就像罗斯福签署了原子弹生产批准书一样激动。以后战局的发展果然都在他的书本之中。一个伟人的思想是什么，是客观存在的规律，是事物间本来的联系，所以真理最朴素，伟人其实与我们最接近。一次，在延安雷电击死一头毛驴，驴主人说：“老天无眼，咋不劈死毛泽东？”有人要逮捕这个农民，消息传到窑洞里，毛泽东说骂必有因，一了解，是群众公粮负担太重。于是他下令将每年的公粮由 20 万担减到 16 万担，又听从李鼎铭的建议精兵简政。毛泽东在这窑洞里领导了著名的延安整风，他的许多深刻的论述挽救了党，挽救了许多干部，但是当他知道有人被伤害时，就到党校礼堂做报告，说，今天我是特意来向大家检讨错误的，向大家赔个礼！并恭恭敬敬地把手举到帽檐下。1942 年，华侨领袖陈嘉庚访问延安，他刚在重庆吃过 800 元一桌的宴席，这时却在毛泽东的窑洞里吃两毛钱的客饭，但他回去后写文章说中国的希望在延安。1945 年黄炎培访问延安，他看到边区的兴旺，想到以后的中国，问一个政权怎样才能永葆活力。毛泽东说，办法就是讲民主，就是让人民来监督。我想他说这话时一定仰头环视了一下四周厚实的黄土。七大前后很多人主张提毛泽东思想，他坚决不同意。他说：“这不是我个人的思想，是千百万先烈用鲜血写出来的，是党和人民的智慧。”“我这个人思想是发展的，我也会犯错误。”

作家萧三要为他写传，他说还是去多写群众。他是何等的清醒啊！政局、形势、作风、对策，都装在他清澈如水的思想里。胡宗南进犯，他搬出了曾工作9年的延安窑洞，到米脂县的另一孔窑洞里设了一个沙家店战役指挥部。古今中外有哪一孔窑洞配得上这份殊荣啊！土墙上挂满地图，缸盖上摊着电报，土炕上几包烟、一个大茶缸，地上一把水壶还有一把夜壶。中外军事史上哪有这样的司令部，哪有这样的统帅？毛泽东三天两夜不出屋，不睡觉，不停地抽烟、喝茶、吃茶叶、撒尿、签发电报，一仗俘敌6 000余。他是有神助啊！这神就是默默的黄土，就是拱起高高的穹庐、瞪着眼睛思考的窑洞。大胜之后他别无奢求，推开窑门对警卫说，只要吃一碗红烧肉。

当你在窑洞前徘徊默想时，耳边会响起黄河的怒吼，眼前会飘过往日的硝烟。但是你一眨眼，面前仍只有这一排静静的窑洞。自古都是心胜于兵，智胜于力。中国革命的胜利实在是一种思想的胜利，是毛泽东思想的胜利，是毛泽东那几篇文章的胜利。延安的这些窑洞真不愧为毛泽东思想的生产车间。延安时期是毛泽东展示才华、思考写作的辉煌时期，收入《毛泽东选集》（四卷本）的大部分文章都是在这个时期写成的。毛泽东离开延安在陕北又转战了一年，胡宗南丢盔弃甲，哪里是他的对手。1947年12月的一天，毛泽东在陕北米脂县的一个窑洞里展纸研墨，他说：“我好久没有写文章了，写完这一篇就要等打败蒋介石再写了。”他大笔一挥，写了《目前形势和我们的任务》，说我们要打正规战，要进攻大城市了。这是他在陕北窑洞里写的最后一篇文章，写罢掷笔，便挥师东渡黄河，直捣黄龙，为人民政权定都北京去了。他再没有回延安，只是在宝塔山下留下了这一排永远思考的窑洞。思想这面铜镜总是靠岁月的擦磨来现其光亮的，半个世纪过去了，作为政治家、军事家的毛泽东离我们渐行渐远，而作为思想家的毛泽东却离我们越来越近。

（《散文》1997 年第 1 期）

百年革命　三封家书

——《与妻书》的历史回响

今年是辛亥革命100周年，中国共产党成立90周年。纪念活动少不了拜谒故地，披览文物。

3月，我有事去福州，公余又去拜谒了一次林觉民故居。林觉民的《与妻书》是辛亥革命的重要文物。黄花岗七十二烈士，其事迹大多湮灭，幸有这篇美文让我们能窥见他们的心灵。广州黄花岗烈士碑上72人名单（随着后来的发掘，实际上已超过72人）中，林觉民三字人们抚摸最多，色亦最重。《与妻书》早已选入中学课本和各种文学的、政治的读本，我亦不知读了多少遍。

20　观点　人民日报

百年革命　三封家書

从“怎么看”迈向“怎么办”

如何回应社会关切 ④

民警驻村帮扶　以民安促国安

发表本文的《人民日报》版面

印象最深的是“即此爱汝一念，使吾勇就死也”，“当亦乐牺牲吾身与汝身之福利，为天下人谋永福”。他反复给妻子解释，我很愿与你相守到老，但今日中国，百姓水深火热，我能眼睁睁看他们受苦、等死吗？我要把对你的爱扩展到对所有人的爱，所以才敢先你而死。

林家福州故居我过去也是去过的。这次去新增的印象有二。一是书信的原物。在广州起义前三天，1911 年 4 月 24 日，林知自己必死，就随手扯来的一方白布，给妻子陈意映写下这封信，竖书，29 行。其笔墨酣畅淋漓，点划如电闪雷劈，走笔时有偏移，可知其时“泪珠和笔墨齐下”，心情激动，不能自已。其挥墨泣血之境，完全可与颜真卿的《祭侄稿》相媲美。二是牺牲前后之事。起义失败，林受伤被捕。审讯时，林痛斥清廷腐败，慷慨陈词，宣传革命，说到激动处撕去上衣，挺胸赴死。审讯官都不由叹道：“好一个伟岸的美男子。”某日晨，家人在门缝里发现有人塞进来的《与妻书》，同时还有给父亲的一封信，只有 40 余字：“不孝儿叩禀父亲大人：儿死矣，惟累大人吃苦，弟妹缺衣食耳，然大有补于全国同胞也。大罪乞恕之。”其壮烈而平静之举概如此。

福州之后又两月，有事去重庆之江津，才知道这是聂荣臻元帅的家乡，便去拜谒纪念馆并故居。聂帅抗日时主持晋察冀根据地建设，此根据地被中央称为“模范根据地”，解放后主持“两弹一星”研究，为国防建设立了大功。终其一生都是在默默地干大事。他在 20 岁那年离开家乡去法国勤工俭学，开始了探求真理、苦学报国的革命生涯。与周恩来、朱德、邓小平、陈毅等同为我党领导集体中的早期留欧人员。聂帅留法时期的家书保存完好，现在收书出版的就有 13 封，且都有手迹原件，从中可以看到这批革命家的少年胸怀（去法国时聂 20 岁，周 22 岁，邓 16 岁）。现在故居前庭的正墙上有一封放大的家书手迹，是聂荣臻 1922 年 6 月 3 日写给父母的：

父母亲大人膝下：

不得手谕久矣。海外游子，悬念何如？又闻川战复起，兵自增而匪复狂！水深火热之家乡，父老之苦困也何堪？狼毒野心之列强无故侵占我国土。二十一条之否认被拒绝，而租地期满又故意不肯交还。私位饱囊之政府，只知自争地盘，拥数十万之雄兵，无非残杀同胞。热血男儿何堪睹此？男也，虽不敢以天下为己任，而拯父老出诸水火，争国权以救危亡，是青年男儿之有责！况男远出留学，所学何为？决非一衣一食自为计，而在四万万同胞之有衣有食也。亦非自安自乐以自足，而在四万万同胞之均能享安乐也。此男素抱之志，亦即男视为终身之事业也！……

叩禀

金玉安

男荣臻跪禀

6月3号

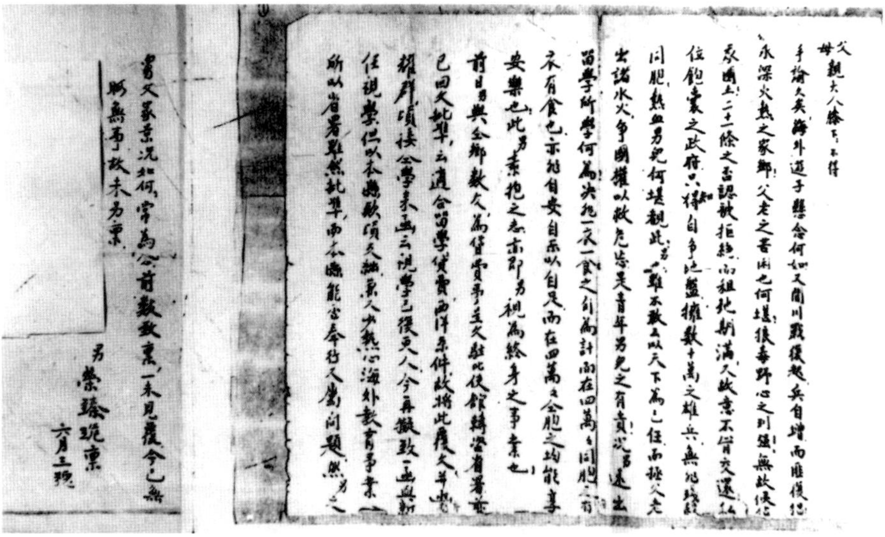

聂荣臻家书手稿

我拜读这封89年前（中国共产党建党之第二年）海外游子的家书不觉肃然起敬。那个时代的有为青年留学到底为了什么？“决非一衣一食自为计，而在四万万同胞之有衣有食也。亦非自安自乐以自足，而在四万万同胞之均能享安乐也。”这与林觉民“当亦乐牺牲吾身与汝身之福利，为天下人谋永福”何其相通。

要考察一个人的思想，家书大概是最可靠的。因为对亲人可以说真话，而且他也想不到日后会发表这信件。看了林、聂的两封家书又使我联想到五年前在河北涉县参观八路军129师师部旧址时见到的另一封家书。那是一个不知名的普通八路军战士（或是干部）在大战前夕写给妻子的一封短信，是一个共产党员的“与妻书”。从重庆回来我就赶快翻检所存资料，终于找出那张发黄的照片，但手迹还清晰可辨，全信如下：

喜如妹：

我俩又要短期之分开了。这是我们的敌人给我们的分开之痛苦，只有消灭了我们的敌人，才能消除这个痛苦。

我的病暂时也没有什么要谨（紧），因病得的很长，一时亦难完全除根。我很高兴在党和上级爱护之下给我这五个月的时间休养很不错。我这此（次）决心到前方要与我们当前的敌人搏斗，拿出最大决心和牺牲精神与人民立功。我第二个高兴是你很好，特别是对我尽到一切的关心和爱护。同时我有两个很天真活泼的小孩，又有男又有女。你想这一切都使我很满足，永远是我高兴的地方。

战斗是比不得唱戏，不是开玩笑，是有牺牲的精神才能打垮和消灭敌人。趟（倘）我这次到前方或负伤牺牲都不要难过，谨记我如下之言：

无产阶级的革命一定是会成功的，只是时间之长短，但也不是很长的。家人一定要翻身。要求民主与独立，这是全世界劳苦大众都走革命这条道路，苏联革命成功是我们的好榜样。

就是我牺牲了也是很光荣的，是为革命而牺牲，是有价值。在任何情况下我是不屈不挠，坚决□□□部队与敌人战斗到底。一直把敌人消灭尽尽为止。望你好好保重身体，多吃饭，不生病，我就死前方放心。同时希你好好扶养丰丰小儿、小女雪，长大完成我未完之事。一直完成社会主义革命到共产主义社会。谨记谨记。

我生于一九一九年十月（即民国八年十二月二十四日）家居安徽省霍山县石家河保瓦嘴□。

茂德

一九四七·四·二·□于魏□

临别之写

这封信写得很镇静、乐观，又有几分悲壮。作者和林觉民一样也是抱定必死的决心，但其悲剧气氛要少些，更多的是充满胜利的信心。刘、邓领导的129师1940年6月进驻涉县时不足9 000人，到1945年12月挥师南下时已发展到30万正规军，40万地方部队。这个署名“茂德”的作者，就是这支大军中的普通一员。也许他真的已经在战火中牺牲，那一双可爱的小儿女丰丰、雪雪现在也该是古稀老人。这封上战场前匆匆写给妻子的信，让我们看到了那个时代的人的真实生活。

查茂德烈士家书手稿

我把三封家书的手稿影印件放在案头，轻抚其面，细辨字迹，目既往还，心亦吐纳，感慨良多。这三件文物，都是用毛笔书写，所书之物，一件是临时扯的一块白布，一件是异国他乡的信纸，一件是随手撕下来的五小张笔记本纸页，皆默默地昭示着其人、其地、其时的特定背景。论时间，从第一封信算起已经整整100年，恰是辛亥革命百年祭；第二封已经89年，与共产党党龄相仿；第三封也已64年，比共和国还长两岁。而写信者当时都是热血青年，都是为自己的理想而奋斗，准备牺牲的普通的战士。其结果，一个成了名垂青史的烈士，一个成了共和国的元帅，一个没入历史的烟尘，代表着无数的无名英雄。细看就会发现，这三封跨越百年、不同时代的家书中却有一条红线一以贯之，就是牺牲个人，献身革命，为国家、为民族不计自己并家庭的得失。林信说，当牺牲吾身与汝身之福利，为天下人谋永福；聂信说，决非为一衣一食，而为四万万同胞之有衣有食；查信说，我或负伤牺牲你都不要难过，是为革命而牺牲，是光荣的，有价值。百年革命，三封家书，一条红线，舍己为国。我们还可由此上推 1 000 年，政治家范仲淹说“先天下之忧而忧，后天下之乐而乐”；再上推 2 000 年，思想家司马迁说：“人固有一死，死有重于泰山，或轻于鸿毛，用之所趋异也。”其一脉相承的都是这种牺牲精神——为理想、为事业、为进步而牺牲。国歌唱道：“把我们的血肉筑成我们新的长城。”还有一首歌唱道：“为什么战旗美如画，英雄的鲜血染红了她；为什么大地春常在，英雄的生命开鲜花。”正是这一代代的前赴后继、不计牺牲才铸就我们这个民族，铸就中华文明。这是一种伟大的民族精神、历史精神，而它在革命，特别是战争时期更见光辉，又由代表人物所表现。唯此，历史才进步，人类才进步。

我从百年历史的烟尘中检出这三封革命家书，束为一札，献给祖国，并祭先烈。这是一束永不凋谢的历史之花。

（《人民日报》2011 年 6 月 23 日）

附记：本文发表后热心读者找到了茂德的家属。茂德名查茂德，写完家书后两个月牺牲于南阳战役。时为副旅长。

红毛线，蓝毛线

——进京赶考，勿忘人民

政治者，天下之大事，人心之向背也。向来政治家之间的斗争就是天下之争、人心之争。孙中山说："天下为公。"一个政治家总是以他为公的程度、以他对社会付出的多少来换取人民的支持度，换取社会的承认度。有人得天下，有人失天下。中国从有纪年的公元前841年算起，不知有多少数得上名的君臣、政客，他们也讲操守，也讲牺牲，以换取人心，换取天下。唐太宗爱玩鹞子，魏徵来见，忙捏在手里背在身后，话谈完了，鹞子也死在手中。王莽篡位前为表明不徇私情，甚至将自己的儿子处死。汪精卫年轻时也曾有行刺清廷大臣的壮举。人来人去，政权更替，这种戏演了几千年，但真正把私心减到最小最小，把公心推到最大最大的只有共产党和她的领袖们。当历史演进到20世纪40年代末，又将有一次政权大更替时，河北平山县西柏坡这个小山村，再次为我们提供了这个证明。

如今，在西柏坡村口立着五位伟人的塑像，他们是当时党的五大书记：毛泽东、刘少奇、周恩来、朱德、任弼时。五大领袖刚从村里走出来，正匆匆忙忙像是要到哪里去。这时中国革命已到了最关键的时候。曾经对中国的河山觊觎并蹂躏了长达半个世纪之久的日寇终于心衰力竭，无可奈何地举手投降了，中国大地上突然又只剩下两大势力集团：毛泽东为首的共产党和蒋介石为首的国民党。20 年前，蒋介石就“剿共”，现在日本人走了，蒋介石又重做这个梦，你看“东北剿总”“华北剿总”，又到处扯起“剿”字旗，他想在北方重演一场当年在江西的戏。但这时，早已南北易位，时势相异。毛泽东从从容容地将五位书记一分为二，他说，我和恩来、弼时在陕北拖住胡宗南，少奇和朱老总可先到河北平山去组织一个工作班子。平山者，晋陕与北平间一块过河的踏石，此石一收天下之势已明矣。

虽然已经有人马数百万，土地数千里，就要开国进京了，但是当五大领袖住进这个小村时，并没有什么金银细软。他们和其他所有的干部一样只有一身灰布棉制服。刘少奇带着那只跟随了他多年的文件箱，那是一个如农家常用的小躺柜，粗粗笨笨，一盖上盖子就可以坐人。这箱子后来进了北京，在“文化大革命”抄家中，幸亏保姆在上面糊了一层花纸才为我们保存了这件文物。现在这小木箱又按原样放在少奇同志房间的右角，而左角则是一个只有二尺宽、齐膝高的小桌，这是当时从老乡家借来的。少奇同志就是伏在这张小桌上起草了《中国土地法大纲》。他写好大纲后，就去村口召开全国土改工作会。露天里搭了一个白布棚算是主席台，从各边区来的代表就搬些石头块子散坐在棚前。

座中一位最年轻的代表，是毛泽东的长子毛岸英。这将是一次要把全国搅得天翻地覆、有里程碑意义的大会啊。会场没有沙发，没有麦克风，没有茶水，更没有热毛巾。这是一个真正的会议，一个舍弃了一切形式、只剩下内容、只剩下思想的会议。今天，当我们看这个小桌、这个会场时，才顿然悟到，开会本来只有一个目的，那就是工作，大家来到一起是为了接受新思想，通过交流碰撞产生新思想，其他都是多余的，都是附加上去的。可惜后来这种附加越来越多。这个朴素的会议讲出了中国农民 1 000 多年来一直压在心里的一句话：平分土地。这话经太行山里的风一吹，便火星四溅，燃遍全国。而全国早已是布满了干柴，这是已堆了 1 000 多年的干柴啊，从陈胜、吴广到洪秀全，这场火着了又熄，熄了又着，总没有着个透。现在终于大火熊熊，铺天盖地。土改极大地调动了农民的积极性。三大战役中民工支前参战就达 886 万人，800 多万啊，相当于国民党的全部陆海空军。陈毅说淮海战役是农民用小推车推出来的。只平山县，土改后，王震同志振臂一呼：保卫胜利果实！一次就参军 1 500 人，组成著名的三五九旅平山团，这个团一直打到新疆，现在还驻扎在阿克苏。解放战争实质上是 10 年土地革命战争的继续，是中国农民 1 000 多年翻身闹革命的总胜利，而土改则是开启这股洪流的总闸门。但开启这个闸门的仪式竟是这样的平静，没有红绸金剪的剪彩，没有鼓乐，没有宴会，摆在我们面前的只是这个木箱，这张二尺小桌和河滩里这一片曾作为会场的光秃秃的石头。

1948 年 5 月，毛泽东和周恩来、任弼时在陕北转战一年，拖垮了胡宗南后也来到了这里。五位书记又重新会合了。毛泽东决定在这里摆两着棋。第一着是打三大战役。他在隔壁的院子里布置了一间作战室，国共两党已经斗了 20 多年，他要在这里再最后斗一斗蒋介石。这是一间普通的农家房舍，不到 30 平方米，里面摆着 3 张大桌子。一张作战科用，一张情报科用，一张资料科用。大屋子里彻夜灯火通明（那时已开始有电灯，但又常离不开油灯）。来自全国各战场的电报汇集到这里，参谋们紧张地分析、研究、报告。讲解员说当时很难买到红蓝铅笔，为了节省使用，参谋们就用红毛线、蓝毛线在地图上标识敌我势态。虽然我们这时已在进行着百万大军的总决战了，但其实还穷得很呢。这时南京国防部的大楼里呢绒大桌、真皮沙发、咖啡香烟，他们也绝对想不到共产党会这样穷。其实到这时共产党还从来没有富过，尤其是党中央最不富。当年中央红军走到陕北时只剩万数人马，1 000 元钱，人均 1 毛钱。毛泽东只好向红二十五军去借，徐海东也没有想到中央会这么困难，忙从全军 7 500 元的积蓄中抽出 5 000 元。毛周留在陕北，晋察冀吃穿用都比陕北强。贺龙过河来看毛泽东，毛的警卫员看着贺老总警卫员身上的枪直眼馋。贺胡子也大吃一惊，他无论如何想不到中央机关会这么苦，赶快对警卫员说："换一下。"共产党是穷惯了，党的最高层是穷惯了。不是他们爱穷，他们守一个原则：只要中国的老百姓还穷，党就耻于高过百姓；只要党还穷，第一线还穷，中央机关、党的领袖就决不肯优于他们。这种生活的清贫，工作条件的清苦，清澈见底地表示着他们的一片心，这就是只有解放全人类才能最后解放自己。900 年前封建名臣范仲淹就提出"先天下之忧而忧，后天下之乐而乐"，但真正实现了这句名言的只有共产党。现在毛泽东和他的参谋班子就是在这间最简陋的指挥部里和蒋介石斗法。这反倒生出一种神秘，就像武侠小说上写的，突然有一个貌不惊人的高手随便抽出一把扇子或者一根旱烟管就挑飞了对方手中的七星宝刀。作战室旁那个有一盘小石磨的小院子里，毛泽东在石磨旁抽烟、踱步，不分日夜地草拟电报。据统计，三大战役毛泽东亲手写了 190 封电报，电报发出了，作战参谋们就在地图上用红毛线一圈一圈地去拴。先是拴住了沈阳，接着又套住了徐州、淮海，最后红毛线干脆套到了平津的脖子上。三大战役共歼敌 154 万。共产党的每个普通干部在延安大生产时就学会了纺毛线，想不到这毛线今天派上了这个大用场。黄维在淮海战役中被俘，改造出狱后坚持要来西柏坡看一看，当他看到这间简陋的作战室时，感慨唏嘘，连呼：“蒋先生当败！蒋先生当败！”蒋介石怎么能不败呢？共产党克己为民，其公心弥盖天下，已经盖住并熔化了敌人的营垒，连蒋介石派来的谈判代表邵力子、张治中都服而不归了。

一着武棋下完，再下一着文棋。1949 年 3 月 5 日，著名的七届二中全会在中央机关的一间大伙房里召开了。现在会议室里还保留着原来主席台上的样子。说是主席台，其实没有台，就是在伙房一头的墙上挂一面党旗，旗下摆一张长方桌，后面放一把旧藤椅。“台”两侧各有一张桌子是记录席。会场没有麦克风，更没有录音机。出席会议的共 34 名中央委员，19 名候补中央委员，毛主席坐在长桌后面，其余的人都坐在台下。台下也没有固定的椅子，开会时各人就从自己的家里或办公室带个凳子。会议开了 8 天，委员们仔细地讨论军事、政治、党务、政权接收等大事。

位于西柏坡村的七届二中全会会址

轮到谁发言时就走到那张长桌旁面向大家站着讲话，讲完后又回到自己的凳子上。毛泽东亲自记录，不时插话。领袖与代表咫尺之近，寸许之间。

其实这已是老习惯了，许多人都见过一张照片，毛泽东在延安窑洞前站着做报告，黄土地上摆一个小凳子，凳子上放一只大瓷缸子。大家在木凳前席地而坐，据说前排的人口渴了，就端起毛泽东的茶缸喝一口水。不但是党内，就是领袖和百姓也亲密无间。西柏坡坡下有水，有稻田，毛泽东是从小干惯了稻田活的，工作之余就挽起裤腿去和农民插秧。朱老总一脸敦厚，在村头背着手散步，常被误认为是下地回来的老乡。任弼时全家人睡的土坑上至今还放着一架纺车。五大领袖走过雪山草地，到过东洋西洋，统率千军万马，熟悉中国的经济，遍读经史子集和马恩列斯，有的还坐过国民党的大牢，他们知识渊如海，业绩高如山，但是他们却这样自自然然地融在革命队伍中，做普普通通的一分子。伟人者，其思想、作风、境界、业绩已经自然地达到了一个高度，如日升高，如木参天，如水溢岸，你想让他降都降不下来，他当然不会再另外摆什么样子。1949 年春的中国共产党，她的五大领袖，她的 34 名中央委员就这样平平静静地坐在北方小山村的这间旧伙房里决定着中国的命运，也决定着党在历史的转折关头该怎么办。住了 20 多

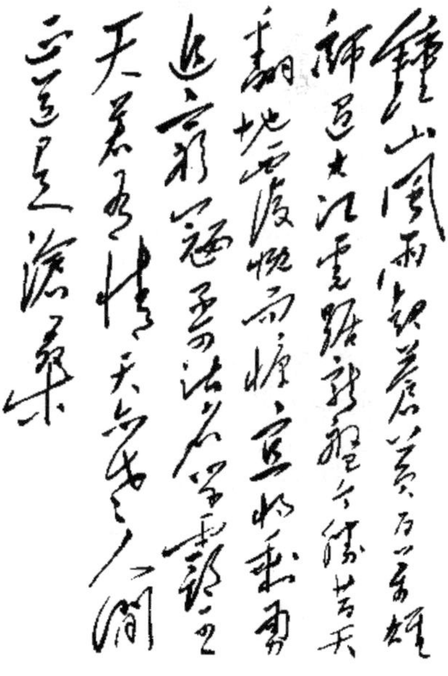

毛泽东手书《七律·人民解放军占领南京》

年山沟，现在要进城了，党没有忘记存在决定意识这条哲学的基本原理，没有忘记党员在改造客观世界的同时也要改造主观世界这个准则。在这间简陋的会议室里，共产党通过了自己的“陋室铭”。毛泽东说，要警惕“糖衣炮弹”，“夺取全国胜利，这只是万里长征走完了第一步”，“务必使同志们继续地保持谦虚、谨慎、不骄、不躁的作风，务必使同志们继续地保持艰苦奋斗的作风”。本来会议开始时主席台上并排挂着马恩列斯毛的像，到闭幕时就不这样挂了。会议过程中渐渐形成了一个共识，并通过五项决定：不以人名命名，不祝寿，中国同志不与马恩列斯并列，少拍巴掌，少敬酒。这真让人吃惊了，党的中央全会竟决定如此细小的事。战战兢兢，如履薄冰，其心之诚，其行之洁，天地可鉴。当年袁世凯筹备登基，光龙袍上的两颗龙眼珠就值 30 万大洋。而共产党为新共和国奠基却只借用了一间旧伙房。我们常说像真理一样朴素，只要道理是真的，裹着这道理的形式是无须多讲究的。这话是用镀金的话筒说出来的还是扯着嗓子喊出来的，关系并不大。真理不要过多的形式来打扮，不要端着架子来公布，它只要客观真实，只要朴素。清皇室册封嫔妃是用金页写成，每页就用 16 两黄金。可她们的名字有哪一个被后人记住了呢？

红毛线、蓝毛线、二尺小桌、石头会场、小石磨、旧伙房，谁能想到在两个政权最后大决战的时刻，共产党就是祭起这些法宝横扫江北、问鼎北平的，真是撒豆成兵、指木成阵，怎么打怎么顺了。其实那时使用什么都已无关紧要了，因为我们的心早已到了，任何一件普通东西上都附着我们的理想、信念和为人民服务的宗旨，心诚则灵，天下来归，传檄而定，望风披靡。而蒋政权人心已去，好比一株树，水分跑光了，叶子早已枯黄，不管谁来轻轻摇一下都会枝折叶落的。

当参观结束后，几乎每一个人都要到村口和五大领袖合影一张。五位书记昂首向前，似将远行。到哪里去？当年在村口毛泽东说了一句风趣的话：我们上京赶考去，要考好，不要做李自成。周恩来说，要及格，不要被退回来。

（《人民日报》1997 年 1 月 23 日）

将军几死却永生

——对《报任安书》《正气歌序》《与妻书》的补白

今年是新中国成立70周年，共和国的由来有多块奠基石，其中之一就是抗日战争的胜利。诚如天安门广场上人民英雄纪念碑的碑文所说："三年以来，在人民解放战争和人民革命中牺牲的人民英雄们永垂不朽。三十年以来，在人民解放战争和人民革命中牺牲的人民英雄们永垂不朽。由此上溯到一千八百四十年，从那时起，为了反对内外敌人争取民族独立和人民自由幸福，在历次斗争中牺牲的人民英雄永垂不朽。"抗日战争中，国共两党团结御敌，同仇敌忾。国民党军队方面牺牲之最高将领为张自忠将军，八路军方面为副参谋长左权将军。他们所代表的无数先烈用热血凝铸了共和国的基石。

张自忠将军

但是，张自忠将军受国人的尊重和纪念还有更深的一层背景。他是一个人格受辱、曾被误为汉奸、几乎被舆论的唾沫星子淹没的人。然而他决然以死洗身，来证明自己的清白。

位于宜城的张自忠上将墓碑

我第一次知道张自忠将军这个名字，是56年前考入中国人民大学，学校就坐落在张自忠路上。想不到50多年后我有事过湖北宜城，这里竟是他1940年的战死之地。2015年9月，世界反法西斯战争胜利70周年，宜城在当年的旧战场处修巨大纪念碑，从山脚至山顶铺1 200余级步道。步道中段留出一段原始地貌，约30平方米，为将军牺牲之地。内有七块坚石，一片绿草，一丛怒放之杜鹃花。激战之后在这里发现了他的遗体。时将军身受八处伤，有枪伤、炮弹炸伤、刺刀伤，可见搏斗之惨烈。一上将级战地最高指挥官这样慷慨赴死于刀丛弹雨之中，实为现代战争中所罕见。将军的热血浸透了身下的土地。后来这个地方就名“血窝”，作特别保留。现在每一个从“血窝”旁走过的人都会驻足致敬，流下热泪。

将军出身行伍，其成名是1933年长城抗战，以大刀杀敌。其时中日之国力、军力甚为悬殊。国民党军还使用冷兵器，每人背大刀一把，只能靠夜战、近战，摸入敌营。一曲大刀进行曲响彻长城内外。1937年七七事变后，在和战两难、进退维谷的状态下，上面命他留在北平，任北平市长与敌虚与委蛇。他明知这是一件要背黑锅的事，为挽大局只好委曲受命。他为南撤的战友送行时说，以后诸君是民族英雄，我怕要被骂为汉奸了。果然民情汹汹，一片喊骂。后日寇野心膨胀，残局已无法维持，他逃出北平，过济南，群众在站台上围攻喊骂，高呼打倒汉奸，他都无法下车。后转道青岛，到南京述职，反接到蒋介石的一纸处分令，这更坐实了他应对平津败局负责。其实，抗战初期国民党当局研判失误，一不战而失东北；二稍战即退出平津热河，国土沦丧。这本是应由最高当局负责的，而骂名却不公正地落在了他的头上。敌犯土失，官责民斥，有口莫辩，其内心之煎熬可想而知。他明白，如不能洗污，将成秦桧。就誓以死明志。

将军以民族大义为重，团结抗敌，处事有节。国共合作，常有摩擦，张部却从未有此事。1939 年 1 月上面下达“限制异党活动办法”，时两名红色名记者安娥、史末特莱正在他的防区采访。将军毫不刁难，立派人牵马将她们送至新四军李先念防区。他的干训团有进步教员讲社会发展史，团长说是通共，将人捆绑，他立令释放。西北军另一悍将庞炳勋与张同是冯玉祥的部下，兄弟多年，但中原大战庞叛冯投蒋，并突袭张的师部，欲置其死，张逃得一命。从此两人结下怨仇。抗战中，冤家路窄，张、庞又同在五战区。临沂战事，庞被日军围困，危在旦夕。李宗仁时帐下无人，急召张自忠说：“我知你们有旧怨，但那是打内战时的私仇。今庞在前方浴血，是为国难。望你受点委屈，捐弃前嫌，急救之。”张二话没说，带队驰援。出生入死，如赵子龙七进七出，两救庞于临沂，击败号称“铁军”的日板垣师团，板垣羞极，几欲自杀。张部也因此损失 5 000 多人。蒋介石大受感动，亲致电嘉勉，并撤销了对他因七七事变失守北平的处分。

将军一向治军极严。临沂之战最激烈时，一营长逃阵，立即枪毙；一旅长进攻不力，阵前撤职。他有这样一个绰号："扒皮将军"。他经常训诫部下要遵守军纪，爱护百姓。常挂在嘴边的一句话是："看我不扒了你的皮！"这让我想起30多年前看到的一则旧事。张带军驻扎某地，借宿民房。一军官强奸民女，第二天被指认出来，立判枪毙。此人是一员猛将，战功无数，对此事也供认不讳，只求暂留一命，让他明天死在杀敌的战场上。众将也为之求情。张不许，只是吩咐去买一副好棺材。事有蹊跷，这个跟随他多年的老部下被枪决入棺，因未至要害，人醒过来后又翻棺而出，不但没有逃走反回来向他报到，并要求杀敌而后死。张仍不许，二次枪毙。在襄阳我还听到另一故事，上世纪70年代有一跟随张的抗日老兵退伍在襄。一日，被驻军请去干活，正遇上新兵训练。此老兵不由梦回沙场，上前接枪示范，白发皓眉，雄姿勃发，吼声震天。全场为之震惊。可见张将军的治军之风。

将军待民以亲，待下以慈，持己则严。虽是战时，他仍不忘民生。襄阳著名的秦代水利工程白起渠年久失修，他就向当时已流亡到恩施的湖北省政府打报告，倡议修复，并亲率士兵挖渠。他常说军队离不开老百姓，抗战胜利全赖民资助，每驻一地，即筹划生产，公平贸易。这一点很像左宗棠，虽在行伍，却有政经胸怀。他的部队开饭前先唱《吃饭歌》，歌词大意是："这些饭食人民给，救国救民我天职。"逢节日时常有座谈联欢，对60岁以上的老人亲送礼品一件。一次宿劫后山村，见百姓极苦，就吩咐军需官每户发洋十元。一老妪感激下跪，他急搀起说："是该我们当兵的给您下跪，我们没有保护好老百姓。"

他爱兵如子。每宿营，兵无食，他必不食。伤员出院归队，必亲自一一验伤，凡子弹从身前穿入者，即大声点名，让其站前排，彰其英勇。伤者无不感无上光荣，人人争先恐后。临沂战役，跟随他多年的冉营长负重伤，自知难保，留下遗言。一是望司令见其遗体一面；二是勿告家属；三是墓上立一小碑。张抱尸痛哭，亲写碑文，后将遗属接到部队说："冉营长为国牺牲，死得有价值。今天我张自忠还在，说不定哪一天也会死在抗日战场上。这是一个军人在国难当头时的责任。今后，有我张自忠的一天，就有你们母子的一天。两个孩子的教育费由我负责。以后我的家属在哪里，就送你们去哪里，与我的家眷在一块。"而他严以律己，为当时高官所罕见。一次指挥部转移新地，荒村破舍。副官调几名战士打扫卫生，他批评说："士兵是国家的士兵，不是我张自忠的奴仆。他们保卫国家，战死沙场是本分，但没有给我打扫卫生的义务。弟兄们行军已走得很累，你让他们累上加累，很不应该。"

他历充要职，却持身极俭。他的参谋长张克侠（共产党员）回忆他："如偶有过人享受，辄有不安之意……，公殁后，余回部，过其所居，见报纸糊壁，敝席悬门，其刻苦奉公之状如在目前，不禁泣下。"1940年3月文人梁实秋到前线慰问，遍访九个战区，张的司令部最为简陋。他留下这样一段文字："张将军司令部固然简单，张将军本人却更简单。穿普通的灰布棉军服，没有任何官阶标识。他不健谈，更不善应酬。他见了我们只是闲道家常，对于政治军事一字不提。他招待我们一餐永不能忘的饭食。四碗菜，一只火锅。菜以青菜豆腐为主，火锅是豆腐青菜为主。……我看得出来，这是他在司令部里最大的排场。……大概高级将领能刻苦自律如张自忠将军者实不多见。”长官如师如父，可见一支军队之炼成，首先是长官人格意志之造就。张自忠将军带出来的这支军队，后来在淮海战场上由张克侠、何基沣两将军带领起义，投向人民的怀抱。

自从大刀抗战之后，将军又有几次痛快地杀敌。1937 年底他辗转回到自己的部队，失声痛哭，言今日回来乃为杀敌报国，共寻死所，部下皆泣不成声，誓死赴难。他重新出山后一战淝水，二战临沂，皆建奇功。不到一年，除撤销处分外，连获晋升。由军长而军团长、集团军总司令、战区右翼兵团总司令。他说别人都可以打败仗，唯有我张自忠不能打败仗。1939 年 5 月日寇进犯襄阳。张率部在襄河东岸指挥了一场漂亮的伏击，毙伤敌 900 余，更重要的是缴获了敌人准备大规模渡河的舟船辎重。其中竟有张学良放弃东北，日军借其兵工厂生产的折叠船。可见当年不放一弹而失东北之恶果。张立令全部烧毁。此役虽小却粉碎了敌突破汉水，攻占襄阳、宜城之企图。其时将军拔剑独立汉、襄两水之间，一如当年屹立长城。

岳飞有名言，只要武官不怕死，文官不爱钱，国就不会亡。文天祥在《指南录》中谈到他于国难中不知几死。纵观张自忠将军之精神，就是抱定武人必为国赴死的信念。自敌寇压境，他经常挂在嘴边的一个字就是：“死”。一个人只要拼得一死，总能干成一件事，一件轰轰烈烈的大事。

他每见长官必言死，战前他致电蒋介石：“职现亲率两团渡河，攻击北窜之敌，如任务不能达到，决一死以报钧座。”他去重庆述职，行前别老上司冯玉祥，突然下跪。冯忙拉住说：“这是干什么？”他答：“蒙先生栽培，终身难忘。此去我死也死个样子，决不给先生丢脸！”冯一时语塞，不知该如何劝慰。他给部下训话，常说的是：“不惜一切牺牲，阵地就是棺材！”他给亲人（弟弟）写信：“吾自南下作战，濒死者屡矣。濒死而不死，是天留吾身以报国耳。……吾一日不死，必尽吾一日杀敌之责；敌一日不去，吾必以忠贞，死而已。”他答记者问：“现在的军人，很简单地讲句话，就是怎样找个机会去死。因为中国所以闹到这个地步，可以说是军人的罪恶。十几年来，要是军人认清国家的危机，团结御敌，敌寇决不会来犯。我们军人要想洗刷他的罪恶，完成对于国家的义务，也只有一条路——去死，光荣地死！”这是他由一个旧军阀部队的将领在国难当头时自觉转化为一个爱国将领的心声。他到日本考察，日本人说你们中国有文德而无武德，女人死节者多，男子捐躯者少，很刺他的心。他说这一回，我一定要给日本人看一看。每有大战，他即将军务推给副司令，亲上前线督战。正如他言：“濒死者屡矣。”

1940 年 5 月，敌再犯襄阳。他又如以往，从容作好以死报国的准备。会战刚开始，5 月 1 日他即致信 59 军团以上将校，表示共赴国难：

> 看最近之情况，敌人或要再来碰一下钉子。只要敌来犯，兄即到河东与弟等共同去牺牲。国家到了如此地步，除我等为其死，毫无其他办法。更相信只要我等能本此决心，我们的国家及我五千年历史之民族，决不致亡于区区三岛倭奴之手。为国家民族死之决心，海不清（枯），石不烂，决不半点改变。愿与诸弟共勉之。
>
> 小兄 张自忠手启

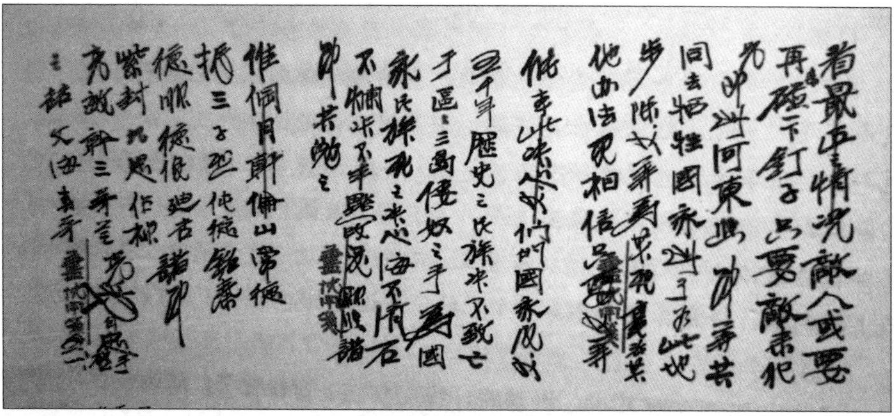

张自忠遗书手稿

5月4日又给副司令留下遗书：“已决定今晚往襄河东岸进发，奔着我们最后之目标（死）往北迈进。无论作好作坏一定求良心得到安慰。以后公私，均得请我弟负责。”开作战会议时，他见一团长未佩手枪，便说：长官上前线一定要带手枪，一为自卫，二为必要时杀身成仁。大家预感不妙，劝他说主将不应冒险到前线去拼命。他说：“不是日本人不怕死，而是中国人当大官的太怕死了。”5月16日遭敌最后包围，他说：“你们每个人都可以走，唯有我张自忠不可以走。”遂从容指挥，将苏联顾问、文职、后勤、伤员等一一安排护送走。然后带少数警卫与敌激战，先是左臂被子弹打穿，后弹片划伤肩、胸、肋多处，此时敌已近身，将军昂然而立，怒目逼视，大呼杀敌，又遭枪击、刀刺，终于殉国。

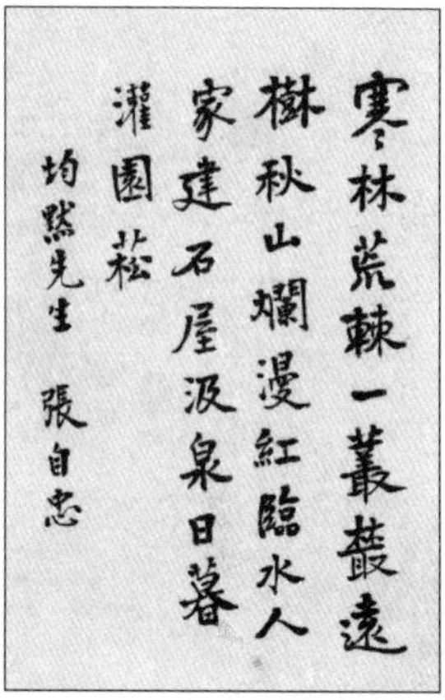

张自忠题赠送友人

张自忠将军的牺牲震动国共两党。其遗体被拼死抢回，前线将领抚其伤口，放声大哭，十天前将军的遗言犹在耳旁。部下瞻仰遗容，皆泣不成声。前线总部作简单吊唁后入殓，楠木棺内置《孟子》一本，彰其为富贵不淫、贫贱不移、威武不屈的大丈夫；又置《三民主义》一本，“三民”之第一义即求民族独立，彰其为争民族独立之英雄。灵柩过宜昌，十万人送行，敌机在头顶盘旋，无一慌乱。抵达重庆后，蒋介石以下军政要员在码头迎灵。国民党政府宣布为其国葬，入祀忠烈祠，改宜城县为自忠县。

作者来到宜城拜祭张自忠上将

8 月 15 日，延安各界举行追悼大会。1943 年将军牺牲三周年之际，周恩来又亲在《新华日报》著文，说每读“将军的两封遗书，深觉其忠义之志，壮烈之气，直可为我国抗战军人之魂”。1945 年 10 月毛泽东赴重庆谈判，专门去拜望将军在世的老母，表达崇敬之情。新中国一成立，张即被追为烈士，北京、天津、武汉等地设张自忠路。2009 年，新中国成立 60 周年，又被评为

“100 位为新中国成立作出突出贡献的英雄模范人物”。2015 年纪念世界反法西斯战争胜利 70 周年，又为之重立丰碑。

死生，人之大节也。将军在世时，不知曾经几死；其死后实又每日犹生，与国同在。痛哉！天不留其身，然其忠魂长在，壮我华夏。他如岳飞、如文天祥，是一位永彪青史的民族英雄。

2019 年 4 月 18 日采访于湖北宜城

首发《北京文学》2019 年第 9 期

图书在版编目（CIP）数据

影响中国历史的十篇政治美文：最新版 / 梁衡编著 .--2 版 .-- 北京：中国人民大学出版社，2019.10

ISBN 978-7-300-27460-7

Ⅰ. ①影… Ⅱ. ①梁… Ⅲ. ①政论 - 中国 Ⅳ. ① D602

中国版本图书馆 CIP 数据核字（2019）第 214026 号

影响中国历史的十篇政治美文（最新版）

梁 衡 编著

Yingxiang Zhongguo Lishi de Shipian Zhengzhi Meiwen

出版发行	中国人民大学出版社		
社 址	北京中关村大街 31 号	邮政编码	100080
电 话	010-62511242（总编室）		010-62511770（质管部）
	010-82501766（邮购部）		010-62514148（门市部）
	010-62515195（发行公司）		010-62515275（盗版举报）
网 址	http://www.crup.com.cn		
经 销	新华书店		
印 刷	涿州市星河印刷有限公司	版 次	2012 年 1 月第 1 版
开 本	720 mm × 1000 mm 1/16		2019 年 10 月第 2 版
印 张	12.5	印 次	2025 年 4 月第 5 次印刷
字 数	139 000	定 价	39.00 元